RIDI RIDI

Collana ideata da Matteo Faglia
Progetto grafico: Raffaele Anello

www.giunti.it

Prima edizione: dicembre 2001

Ristampa	Anno
6 5 4 3	2009 2008 2007 2006

Stampato presso Giunti Industrie Grafiche S.p.A. – Stabilimento di Prato

Claudio Comini e Orazio Minneci

Le ventisette valige di Ennesimo Quaranta

Illustrazioni di Marco De Angelis

GIUNTI Junior

cap. 0

Siamo in mutande

Chiamai Ciro Sorensen al telefono:

– Alzati immediatamente e raggiungimi al bar, abbiamo un lavoro. Devo presentarmi alla Kisch International e voglio che ci andiamo assieme.

– Ma sono appena le sei.

– Io non ho orari e poi non ti pago per crearmi problemi.

– Ma veramente, capo, sono sei mesi che non vedo un soldo.

– Sempre questa storia. Sei l'aiutante del detective più famoso della città e non fai che lamentarti. Alza le chiappe dal letto, poltrone!

– Ma capo, devo portare i bambini a scuola.

– Ciro Sorensen, tu non hai figli, non sei nemmeno sposato. Per quel che ne so io, la tua ultima fidanzata risale ai tempi del liceo.

– Non sono miei; sono i figli del geometra Scommecchia, quello del piano di sotto. Sa, per integrare lo stipendio del giornale...

– Quale stipendio, se è dall'estate scorsa che non scrivi un articolo! Tu non hai mai preso uno stipendio.

– Appunto. ...Va bene, va bene. Tra cinque minuti sono lì.

Aspettai sotto casa fino alle sei e venti, Ciro non era ancora sceso. Decisi di salire di sopra per tirarlo giù di peso. L'ascensore era bloccato. Se un condominio ha più di due piani l'ascensore è sempre bloccato.

Non mi persi d'animo e decisi di salire le scale. Finalmente, al quarto piano, udii arrivare la voce piagnucolante di Ciro. Proveniva dalla tromba dell'ascensore.

– Cavallo, tirami fuori di qua.

– Porco cane, non ci si può mai fidare di te. Ti strozzeresti bevendo un bicchier d'acqua!

– Fai qualcosa invece di imprecare.

L'avrei lasciato lì volentieri quell'imbranato del mio socio. Ma come sempre mi mossi a compassione. Aprii lo sportello esterno. La cabina era sopra il livello del pavimento di circa mezzo metro. Dal di dentro Ciro aveva aperto a sua volta le ante, riuscivo a vedere la pelata dall'alto.

– Allunga le mani che ti tiro fuori – dissi.

– Ma non ci passo.

– Ci passi, ci passi, non ti preoccupare. Se passa la testa passa anche tutto il resto.

Afferrai Ciro per le mani e cominciai a tirare con tutte le mie forze. – Cerca di aiutarti puntando i piedi da qualche parte.

Ciro si dimenava e sbatteva furiosamente la sua trippa a destra e a manca. In qualche modo riuscii a tirarlo fuori fino alla cintola. Anche la pancia sembrava fosse passata dal buco.

– Fermo, fermo! – urlò. – Sono incastrato.

– Non dire sciocchezze, – risposi – non è il momento.

– Si sono incastrati i pantaloni, ti dico.

– E allora toglili.

– Ma figuriamoci se esco in mutande. Non lo farò mai. E se arriva qualcuno?

– Allora ti lascio qui! – Feci per andarmene e salutai. – Ciao.

– No, fermo – mi implorò Ciro – dove vai? Il custode non arriva prima delle otto.

– Mi dispiace, non c'è soluzione. O ti togli i pantaloni o ti lascio lì incastrato.

Ciro Sorensen cedette. Slacciò la cintura e lo tirai fuori sfilandogli i pantaloni.

Mi vergogno all'idea di raccontare che il mio aiutante indossava un paio di mutande bianche con le carote stampate sopra.

– Stammi a sentire, Ciro, ti sembra normale andare in giro con un paio di mutande come quelle?

– Sono un omaggio del mio fruttivendolo.

– Per fortuna il macellaio non ha l'abitudine di farti regali – replicai.

– Ti sbagli. Ne ho un paio anche con i prosciutti.

– Complimenti, una vera raffinatezza – commentai. – Adesso fila di sopra a metterti un altro paio di pantaloni. Hai tre minuti di tempo!

– Temo non sia possibile, capo.

– Hai due minuti di tempo.

– Ma capo...

– Hai un minuto di tempo.

Sorensen non si mosse di lì. Aveva lasciato le chiavi di casa nella tasca dei pantaloni. In altre parole era in mutande e chiuso fuori. Come se non bastasse, le lancette del mio orologio avevano una fretta del diavolo. Era tardissimo.

– Forza, andiamo. Resta in mutande. Più tardi troveremo il modo di procurarci un paio di brache.

– Ma devo andare a prendere i bambini di Scommecchia.

– Accidenti, mi ero dimenticato dei mocciosi. Non puoi presentarti a casa del geometra in mutande.

– Già!

– Tantopiù che hanno le carote.

– Tantopiù.

Ci fu una pausa di silenzio, poi il genio (che sarei io) cominciò a pensare ad alta voce:

– Vediamo: un investigatore, un imbranato e un solo paio di pantaloni. Come si risolve la faccenda?

– Dovresti prestarmi i tuoi intanto che porto i bambini a scuola.

– Così in mutande ci vado in giro io?

– Perché, cos'hanno le tue mutande? Sono un omaggio dell'idraulico?

– Ti avverto Ciro Sorensen che se fai un'altra battuta del genere sei un uomo licenziato.

Con questa frase misi in soggezione l'assistente e con quella dopo gli spiegai il piano.

– Facciamo così: scendiamo di sotto, tu aspetti nell'atrio, tanto a quest'ora non c'è in giro nessuno. Io salgo in macchina, mi tolgo i pantaloni e te li lancio dal finestrino. Tu te li infili e poi vai a prendere i mocciosi Scommecchia. Li fai salire in auto e li portiamo assieme a scuola. D'accordo?

– D'accordo.

Scesi di sotto, recuperai la mia 4 x 4 e accostai al marciapiede. Mi sfilai i pantaloni e li lanciai dal finestrino. Lancio perfetto: si afflosciarono proprio sul gradino d'ingresso del palazzo. Feci un fischio perché Ciro si affacciasse a raccoglierli.

Ma l'imprevisto è sempre dietro l'angolo; e dietro l'angolo c'era un solerte netturbino che fu più rapido di Ciro a raggiungere i miei calzoni.

– Incredibile che cosa buttano al giorno d'oggi – disse raccogliendoli. – Questi con una ripulita tornano come nuovi.

Ciro assistette attonito alla scena. Senza curarsi delle mutande e delle carote si precipitò in strada esibendo il suo fisico rotondo. Rincorse, urlando, lo spazzino:

– Fermo lì, non se ne vada.

Lo spazzino impaurito si mise a correre tenendo stretti i pantaloni. Ciro lo raggiunse solo dopo aver girato l'angolo. Io li seguii in macchina. Tra i due si aprì una estenuante trattativa.

– Mi ridia quei pantaloni – disse Ciro.

– Non ci penso nemmeno – rispose lo spazzino.

– Ma sono i miei.

– Chi mi dice che sono i suoi?

– Glielo dico io.

– Io li ho trovati per terra. Mi dimostri che sono i suoi.

– I pantaloni erano a terra davanti al portone di casa mia, io sono in mutande, dunque è evidente che sono i miei.

A questo punto lo spazzino giocò la sua carta vincente:

– Non sono nemmeno della sua taglia. Lei è molto più piccolo e grosso.

Ciro era spiazzato. Dovetti necessariamente intervenire mettendo in serio pericolo la mia onorabilità. Mi precipitai fuori dall'auto in mutande. Presi per la collottola lo spazzino. Gli diedi una scrollatina e usai argomenti da gran signore:

– Queste brache sono le mie. Mollale, altrimenti ti spezzo la ramazza sulle gengive.

– Cosa c'è oggi? Un congresso di venditori di biancheria intima? – disse lo spazzino facendo lo spiritoso – Immagino che voi siate i modelli per le taglie forti?

– Lei invece è spiritoso come un becchino sul lavoro.

La discussione proseguì su questo tono.

Certo, mai mi sarei immaginato di trovarmi in mutande alle sette del mattino a discutere con uno spazzino che teneva sotto sequestro i miei pantaloni. Nella mia vita c'erano stati momenti migliori di quello.

Finalmente lo spazzino se ne andò a spazzare più

in là. Tornammo rapidamente alla macchina.

– Forza – ordinai – infilati i pantaloni, recupera i due Scommecchi e torna giù subito. E non cercare di prendere l'ascensore che è bloccato.

Ciro si rivestì; per completare l'operazione dovette arrotolare l'orlo dei calzoni tre o quattro volte. Alla fine però tornò incolume ed entrò in macchina con due ragazzini di sette-otto anni con i capelli rossi e la faccia piena di lentiggini:

– Bambini vi presento il mio amico Matt Cavallo, famoso investigatore privato.

– Ma è in mutande!

– Zitti o sparo.

Puntai il mio dito indice contro di loro nascondendolo nella tasca della giacca. Il vecchio trucchetto funzionò a meraviglia. Feci la faccia più feroce che potei. I due si schiacciarono contro il sedile posteriore e, all'apparenza, sembrarono terrorizzati.

– Adesso ridammi i miei calzoni.

– Ma... capo, devo scendere per accompagnarli a scuola.

– Certo, altrimenti il nostro papà non lo paga – disse uno dei due Scommecchi.

– Vi ho detto di stare zitti, altrimenti con le vostre teste ci faccio una spremuta d'arancia; e tu non fare storie, questi due ravanelli li porto dentro io.

Ciro mi passò i pantaloni. I due ragazzi risero alla vista delle mutande con le carote. Non potevo dar loro torto.

Parcheggiai davanti alla scuola, lasciai Ciro in macchina raccomandandogli di non scendere. C'era un piazzale enorme da attraversare e una folla di mamme, papà e vari accompagnatori che aspettavano il suono della campanella per entrare. Erano le 7 e 30. Aspettai fino alle 7 e 45 tenendo i due impiastri per gli zaini. Alle 7 e 46 riuscii a liberarmi di loro consegnandoli nelle mani del maestro e tornai sui miei passi.

Mi ero illuso di aver superato indenne la mia dose giornaliera di guai. Ma il peggio doveva ancora venire.

Trovai Ciro addormentato come un neonato sul sedile posteriore e la macchina saldamente appoggiata su otto mattoni forati misura 25 x 30. In meno di un quarto d'ora qualche mano lesta si era impossessata di tutte e cinque le gomme della 4 x 4 senza svegliare quel tordo del mio assistente.

Il primo istinto fu quello di commettere un omicidio. Poi mi ricordai che avevo un appuntamento importante e decisi di lasciarlo lì così com'era, l'avrei insultato al mio ritorno.

Da lì al palazzo della Kisch International c'erano circa due chilometri. Mi avviai a piedi.

A un mercatino rionale gli ambulanti cominciavano a esporre la loro mercanzia. Tra di loro una bancarella vendeva jeans a 10 euro.

Mosso, per la seconda volta, a compassione, decisi per un atto di clemenza. Ne avrei comprato un paio da far recapitare a Ciro.

– Un paio di jeans per favore.

L'uomo, lesto come un gatto nonostante fosse l'alba, ne afferrò un paio e me li mostrò:

– Questi sono della sua misura, vedrà che le andranno benissimo. Li vuole provare?

– Neanche per sogno. Li voglio di tre taglie più piccoli, ma che siano larghi.

– Ma non le andranno bene. Guardi che abbiamo un paravento dove se li può provare tranquillamente.

– Non ho nessuna intenzione di togliermi i calzoni un'altra volta.

– Cosa? – chiese incuriosito il venditore dai movimenti felpati.

– Lasci stare – dissi con tono indispettito – ne voglio un paio tre taglie più piccoli, modello largo.

– Sì sì certo, non si arrabbi. Torno tra un momento.

L'uomo uscì dal banchetto, fece il giro del furgone e tornò con un paio di jeans e un vigile urbano:

– Vanno bene questi?

– Vanno benissimo. – Gli mostrai i 10 euro ma tenendoli ancora lontani dalla sua portata. Quindi aggiunsi: – Mi faccia una cortesia: in fondo a questa strada, dietro l'angolo, c'è una scuola. Davanti alla scuola c'è una macchina senza ruote e dentro un signore che dorme in mutande. Glieli faccia recapitare.

– Cos'ha detto? Una macchina senza ruote e uno che dorme in mutande davanti alla scuola? – disse ad alta voce in modo che lo potesse sentire anche il vigile.

Io estrassi altri 5 euro dalla tasca e bisbigliai:

– Ha capito bene: quell'uomo che dorme sulla macchina ha bisogno di un paio di pantaloni. Subito.

– Senta, signore, non è un po' presto per bere? Lasci stare i pantaloni e vada a fare una buona colazione. Vedrà che si sentirà meglio.

– Non ho bisogno di fare colazione, e per sua informazione non bevo alcolici di mattina. Lei parla troppo. Li vuole vendere questi pantaloni o no?

Il vigile si avvicinò chiedendo se ci fosse qualche problema.

– No, nessun problema – provai a replicare – ora le spiego subito. Un mio amico ha perso i pantaloni in ascensore e adesso dorme sulla mia macchina in mutande. Solo che mentre io accompagnavo i bambini a scuola qualcuno ha fatto sparire le ruote dell'auto così questo mio amico non può muoversi di lì. Io ho fretta e non lo posso aiutare perché ho un appuntamento di lavoro e…

– Senta buon uomo – mi interruppe il vigile – il suo racconto è un po' confuso.

A questo punto scambiò uno sguardo d'intesa col venditore, come per dire "questo è proprio fuori" e poi si rivolse di nuovo a me:

– Faccia un bel respiro e mi ripeta tutto con calma.

– Niente, lasci perdere. Quel mio amico è un cretino.

cap. 1

Siamo a Cavallo

Margherita Pot era rossa dalla testa ai piedi. Stava seduta dietro la scrivania. Riuscivo a intravedere le gambe lunghissime imprigionate da un paio di scarpe rosse con un tacco alto come la Tour Eiffel.

Ero già innamorato.

Mi aveva fatto convocare dalla segretaria nel cuore della notte. Al telefono aveva gracchiato:

– La signorina Pot vuole vederla – il trapano del dentista ha un suono più dolce di quella voce.

Ecco cosa avrei risposto se fossi stato sincero:

– Mi stia a sentire, vecchia cornacchia, richiami a un'ora più decente che sto ancora dormendo.

Invece le dissi:

– Certo, Signorina, a che ora sono atteso?

Non posso permettermi di rifiutare un lavoro di questi tempi, così fui gentile pronunciando persino signorina con la S maiuscola.

Doveva esserci un motivo importante se la direttrice della catena di ristoranti Kisch si incomodava per parlare con un detective alle otto del mattino. Entrai nell'ufficio dell'ultimo piano accompagnato dalla cornacchia che non esitò a farmi notare che ero in ritardo di un quarto d'ora e che i miei pantaloni erano irrimediabilmente stropicciati.

Mi ero tolto il cappello e lo tenevo con la mano destra. Fu quel gesto che mi fece scoprire sulla manica una macchia di sugo il cui perimetro mi ricordava l'isola d'Elba; e a ben vedere anche le dimensioni. Cercai di nasconderla portando il braccio dietro la schiena:

– Mi sente signor Cavallo?

La domanda mi colse di sorpresa, probabilmente prima ce ne doveva essere stata un'altra; una cosa come "Si accomodi Signor Cavallo" oppure "E lei sarebbe un detective?"

Sì, qualunque cosa mi avesse detto Margherita Pot me l'ero persa, preso com'ero dalle sue gambe e dalla mia macchia di sugo. Mi prese il cappello, che le consegnai con la mano sinistra, e mi fece accomodare in un salottino dove rischiai di compromettere l'incarico. Era uno di quei sofà di pelle con i sedili gonfi come mongolfiere; mi ci avvicinai all'indietro, persi l'equilibrio e mi lasciai cadere.

Proott… fece il divano imitando alla perfezione il suono di una potente scoreggia.

Margherita Pot si girò istintivamente verso di me, io rimasi con gli occhi sbarrati. Mi sentivo già fuori gioco dopo pochi minuti che ero lì. Lei mi guardò schifata dall'alto del suo metro e settantasei di fascino. Fu solo un attimo ma durò un'eternità.

Si sedette con la leggerezza di una piuma, si aggiustò il vestito rosso e chiamò al citofono la segretaria che entrò portando un vassoio con due tazze di caffè e un fascicolo anch'esso rosso. La circostanza mi permise di riprendere fiato, lucidità e coraggio.

– Lei è un detective vero?

– No, sono il titolare della Boutique del Panino farcito in Via Montenapoleone.

– Un detective spiritoso, dunque.

– Do il meglio di me quando non ho a che fare con i divani in pelle.

– Non si preoccupi, non è il primo a cui succede un incidente del genere. Credo che lo farò cambiare.

– Allora torno quando è passato il mobiliere.

Lei allargò un sorriso e io mi innamorai per la seconda volta:

– Non è il caso di aspettare, ho una certa urgenza.

Estrasse dal fascicolo un foglio sul quale era appuntata la fotografia di un omino quadrato.

– Questo è il mio contabile di fiducia.

– Sembra un salvadanaio più che un contabile.

Non doveva essere più alto di un metro e cinquanta, indossava un paio di pantaloni marroni e un giubbotto color panna con la cerniera. All'apparenza poteva essere un impiegato postale. Sul foglio assieme ad altri dati c'era un nome scritto di traverso: Ennesimo Quaranta.

– Lavora per la Kisch da quattordici anni e gestisce la contabilità di tutti i ristoranti di Milano. È in partenza per un viaggio molto lungo.

– Lungo quanto? – chiesi.

– Diciamo che farà il giro del mondo. L'ho incaricato di consegnare cinque plichi della massima importanza per conto della Kisch International.

La risposta mi fece aumentare la salivazione, deglutii un paio di volte. Dalle poche informazioni che avevo raccolto era risultato che la Kisch International gestiva circa seicento ristoranti in tutto il modo. Una potenza astronomica e soprattutto gastronomica.

– Di cosa si tratta?

– Niente che la possa interessare – fu la risposta secca. Un buon detective sa sempre se una domanda può essere fatta oppure no. Quella non andava fatta ma me ne accorsi troppo tardi.

La rossa riprese l'esposizione del caso.

– L'azienda non vuole che gli succeda qualche incidente che comprometta la consegna. Inoltre, anche se abbiamo la massima fiducia nel Signor Quaranta, lo abbiamo tenuto all'oscuro del contenuto dei plichi. Per evitare facili tentazioni... non so se mi spiego.

– Capisco – qui feci una pausa studiata, mi passai la mano sul mento e aggiunsi – ma io in tutto questo cosa centro?

– Lei dovrà semplicemente seguirlo. Non è questo il suo mestiere?

Dovetti ammettere che la Signora Pot aveva ragione.

– Uhuhm.

– Lo seguirà ovunque, dovrà conoscere in ogni momento dove si trova e quello che fa. Lo farà di nascosto e inviandoci un rapporto dettagliato ogni due giorni all'indirizzo di posta elettronica che trova sul foglio. Dovrà garantire la sua incolumità fisica e proteggerlo da qualsiasi pericolo.

– In quali pericoli potrebbe cacciarsi?

– Ooh non ne ho la più pallida idea: una buccia di banana, un cobra, qualche zanzara, un bombardamento aereo, un mal di pancia, un'alluvione; qualsiasi cosa che lo possa mettere in pericolo.

– Organizzare un pedinamento e una sorveglianza del genere non è uno scherzo.

– Ho ottime referenze sul suo conto, se fosse stato un gioco da ragazzi, non avrei chiamato lei, mi sarei rivolta al commissario Basettoni.

Le lusinghe della rossa arrivavano dritte al cuore e quella fece un vero sconquasso, mi innamorai per la terza volta.

– Stia tranquillo – aggiunse la donna – la faccenda è assolutamente legale.

– Le credo sulla parola – risposi io, pensando proprio il contrario.

– Il signor Quaranta partirà fra tre giorni, esattamente giovedì prossimo alle 17.00, dal porto di Genova per Casablanca. Non le sarà difficile trovarlo all'imbarco.

– Si imbarca su una nave?

– Sì. È più sicuro, almeno per ora. Perché? Qualche problema?

– No, no, si figuri! – pensavo al mal di mare e già sentivo la nausea salire dalla bocca dello stomaco.

– Via non sia troppo preoccupato, vedrà che alla

fine avrà fatto una splendida vacanza intorno al mondo a nostre spese. Tornerà abbronzato, ritemprato e con il conto in banca adeguatamente rimpolpato.

– Rimpolpato di quanto?

– Diciamo diecimila dollari più le spese a lavoro eseguito e altri cinquemila anticipati.

Mi allungò una busta con una mazzetta di dollari legati da un elastico. Gli argomenti di quella donna erano davvero convincenti. Non li avevo mai neanche visti quindicimila dollari tutti assieme. Mi innamorai ancora, stavolta definitivamente. Volevo sistemarmi sul divano dal quale stavo inesorabilmente scivolando ma la paura di fare altri rumori inopportuni mi frenava. Puntai i piedi sul tappeto e resistetti in quella posizione per il tempo restante, nascondendo l'imbarazzo. Forse ci riuscii e forse no.

– C'è un'altra cosa che deve sapere.

Al pensiero di tutti quei soldi mi sentivo un leone pronto a tutto. Adesso avrebbe potuto incaricarmi di salvare uno ad uno tutti i passeggeri del Titanic che l'avrei fatto.

– Anche il signor Quaranta mi trasmetterà regolarmente il suo rapporto sull'andamento della missione. Lei avrà la possibilità di intercettare i messaggi utilizzando la password che le ho fornito, sta scritta anche quella sul foglio che ha avuto.

Lessi istintivamente: Ketchup.

– Ketchup???

– Non le piace il Ketchup?

– No, non mi piace per niente, devo dire però che non ho mai assaggiato quello dei ristoranti Kisch.

– Vedrà che il nostro lo troverà squisito.

Disse queste ultime parole alzandosi con fare sinuoso e porgendomi la mano in segno di saluto. Mi alzai anch'io, afferrando il cappello che avevo appoggiato al tavolino. Un rumore secco si alzò dal divano, proprio da dietro il mio sedere, Margherita Pot allentò la presa, mi guardò torcendo una narice e il labbro superiore, poi scoppiò a ridere.

Rimasi incantato come un idiota per via dell'imbarazzo fin quando giunsi a pian terreno, e nell'ascensore fui felice di essere solo. Di fronte a tanta bellezza mi ero fatto trovare decisamente impreparato.

Fuori dal palazzo della Kisch faceva caldo. Mi infilai il Panama in testa, controllai con un colpetto della mano i soldi nella tasca interna della giacca.

Erano al sicuro. Lanciai un'occhiata anche alla macchia di sugo sulla manica, anche quella era ancora al suo posto.

Era stata veramente una buona giornata. Avevo un buon lavoro, un pacco di soldi in tasca, ed ero anche innamorato. Solo che quando alzai lo sguardo dalla macchia di sugo mi ritrovai davanti la brutta faccia di Simeone Strozzi. Dal mento alle ginocchia aveva una sola linea, curva, paurosamente piegata all'infuori. Solo la cintura di coccodrillo, serrata all'ultimo buco, cercava di opporsi al lardo che debordava dai vestiti. No, questa non ci voleva.

– Il tuo contratto d'affitto è scaduto, Cavallo, e non hai pagato neanche la prima rata della 4 x 4.

Era tutto vero, dovevo a quell'individuo la bellezza di 4000 euro tra acquisto dell'auto e rate d'affitto. Certo, avevo con me un bel po' di grana ma mi sarebbe stata indispensabile per la missione, non potevo pagare neanche stavolta.

– Ti trovo ingrassato, Strozzi, hai veramente un bell'aspetto – presi tempo.

– Tu invece porti sempre in giro la solita faccia da sberle.

– Non essere scortese, ho per le mani un lavoretto che mi frutterà parecchia grana. Entro fine mese avrai tutti i tuoi soldi. Uno per uno.

– Oh ma allora siamo a Cavallo! Ne ho piene le tasche delle tue balle, Detective – mi puntò l'indice sul costato. Anche il dito era grasso in modo sproporzionato – Ti dico io quello che farai. Tu lascerai libero al più presto l'appartamento e mi ridarai immediatamente le chiavi dell'auto. Entro fine mese mi sarò dimenticato persino del tuo brutto muso.

– Hai preso ripetizioni di buone maniere recentemente?

– Ti consiglio di fare quello che ho detto se ci tieni a mantenere tutte le ossa al loro posto. Ho degli amici che sanno essere molto convincenti. E se sono occupati, ci penso io con le mie mani.

Capii subito che lo Strozzi faceva sul serio stavolta. Inutile perdere tempo, non c'era alcun margine di trattativa. Dovevo filarmela, sparire dalla circolazione e rifarmi vivo solo una volta incassati i soldi di Margherita Pot.

Misi la mano in tasca, estrassi le chiavi dell'auto, le agitai davanti al muso iracondo del padrone del mio appartamento e della mia auto.

– Ecco le chiavi. Valle a prendere, ammasso di lardo!

Buttai il mazzo nel tombino più vicino urlandogli: – La macchina è parcheggiata in via Fratelli Rossetti. C'è dentro un tale che fa la guardia.

Mentre Strozzi si chinava sul tombino, attraversai la strada senza porre tempo in mezzo. In quel momento un dolore terribile mi prese la schiena dal fondo fino alle spalle, come se un tram avesse cercato di trapassarmi. Prima di perdere i sensi ebbi il tempo di rendermi conto che una folla si accalcava attorno a me mentre stramazzavo al suolo.

cap. 2

Niente di grave, ha solo preso un tram

Quando aprii gli occhi, al mio fianco stava una specie di armadio vestito da infermiera, mi stava infilando nel braccio un ago dal quale partiva una cannetta trasparente collegata a una boccetta appesa in alto. Osservai preoccupato tutto l'ambaradan.

L'armadio aprì bocca:

– Bentornato Signor Matteo, non si preoccupi, è soltanto acqua zuccherata.

Mi stropicciai le palpebre con la mano libera e guardai intorno. Quello dove ero sdraiato non era il mio letto, quella non era la mia camera, quello che avevo addosso non era il mio pigiama e quella al mio fianco non era la signora delle pulizie. Inoltre non avevo mai sentito odore di disinfettante a casa mia, nemmeno il giovedì quando viene la signora Elvira.

Tirai un bel respiro prima di rivolgermi all'armadio:

– Immagino che ci sia qualcosa che devo sapere, vero?

– Be' sì, negli ultimi tempi si è perso qualche informazione.

– Questo è un ospedale?

– Chirurgia generale maschile, stanza singolare n° 23, primario Dott. Cucito, clinica Sant'Anselmino dei Disperati, io sono la capo sala infermiera professionale Teresa per servirla.

– Mi sorge spontanea una domanda, Infermiera Professionale Teresa Per Servirla: se io abito dall'altra parte della città, cosa ci faccio qui?

– Finora ha dormito.

– Dormito?

– Più che dormire, è rimasto svenuto, ha avuto un piccolo inconveniente all'uscita del palazzo della Kisch International.

Mi tornò alla mente tutta la splendida conversazione con la signorina Margherita Pot, istintivamente portai la mano alla tasca interna della giacca. Non c'erano né i soldi e nemmeno la giacca. Al loro posto una camicia da notte di tela bianca che mi copriva a malapena le vergogne.

– Dove sono i miei vestiti.

– Sono nell'armadio, dentro c'erano i suoi documenti e un pacco di dollari. È tutto a posto, nessuno ha toccato niente, è un ospedale serio sa?

– Non ne dubito – se ne avessi dubitato l'infermiera Teresa mi avrebbe rimesso a dormire con un pugno in testa; e ci sarebbe riuscita senza troppa difficoltà vista la mole.

– Di quale piccolo incidente parla?

– Niente di grave, ha solo preso un tram.

– Non mi pare un incidente grave, ogni giorno migliaia di persone prendono il tram.

– Già, ma lei l'ha proprio preso nella schiena. È stato molto fortunato, se l'è cavata solo con qualche contusione e uno strappo ai pantaloni.

– Immagino che il tram invece sia da rottamare.

– Questo non lo so, signor Matteo, so solo che lei s'è fatto una dormita di due giorni.

– Due giorni?

Mi sollevai di scatto mettendomi a sedere sul letto. Nello stesso istante una manona grande come l'anta dell'armadio mi sospinse all'indietro fino a farmi sdraiare nuovamente.

– Stia calmo, ha una flebo infilata in un braccio, è molto debole e ha bisogno di riposare. Adesso la lascio, non posso stare tutto il giorno dietro a lei, tra un paio d'ore passerà il dottore per visitarla.

In effetti avevo tutte le ossa indolenzite, ma erano ancora intere e questa era una buona notizia.

C'è sempre una brutta notizia subito dopo una bella notizia. Quella brutta era che avevo perso due giorni e che alle 5 di quel pomeriggio Ennesimo Quaranta avrebbe preso la nave per Casablanca.

Teresa era quasi uscita dalla stanza quando tornò indietro come se si fosse dimenticata qualcosa:

– Sa, signor Matteo, c'è un tale che sta qua fuori da quando lei è entrato in ospedale. Finora gli ho impedito di disturbarla, ma se vuole adesso lo faccio entrare.

– Le ha detto chi è?

– No, non ha voluto dirmi il suo nome. Ma è un tipo così grasso che non si capisce qual è il davanti o il didietro.

Il mio intuito mi diceva che il tale era Simeone Strozzi, solo l'avidità poteva trattenere un uomo due giorni nella corsia di un ospedale.

– La prego, non lo faccia entrare, non me la sento di ricevere visite. Gli dica che sono ancora svenuto.

– Come vuole.

L'infermiera molto professionale Teresa stava già uscendo quando richiamai di nuovo la sua attenzione.

– Teresa.

– Sì, signor Matteo.

– Un'ultima cosa.

– Dica.

– Non mi chiami Matteo, mi chiami Matt. Il mio nome è Matt Cavallo.

– D'accordo signor Matteo.

Quando restai solo, misi le gambe fuori dal letto, ero un rottame.

Raggiunsi a fatica l'armadio, quello vero. Effettivamente i miei vestiti erano lì, completi di portafogli, orologio, camicia. Mancava la cravatta, ma quella non l'ho mai portata; mancavano anche le scarpe e quelle di solito le porto.

Mi rivestii completamente, ad eccezione delle scarpe ovviamente. La flebo avevo provveduto a togliermela prima di scendere dal letto.

Pensai di uscire dalla finestra per evitare di incontrare l'infermiera molto professionale Teresa o peggio ancora Simeone Strozzi.

Mi affacciai, ero al quarto piano, non mi venne voglia di saltare di sotto.

Il volo da una finestra del quarto piano è sempre pericoloso, anche se si tratta del quarto piano di un ospedale. Sono solo più rapidi i tempi di ricovero, ma la sostanza del rischio è la stessa.

Decisi di provare ad attraversare i corridoi sperando di non imbattermi nell'infermiera a due ante. In fondo, mi bastava uscire dal reparto. Fuori da lì sarei stato scambiato per un semplice visitatore o addirittura un dottore.

Il vero problema era liquidare lo Strozzi.

Mi nascosi dietro la porta di ingresso armato di estintore. Facendogli credere di essere sveglio lo attirai nella stanza.

– Infermiera, infermiera! Ho sete – dissi a voce alta.

Lo Strozzi abboccò. Entrò nella stanza dirigendosi verso il letto vuoto. Non ebbe nemmeno il tempo di cercarmi con lo sguardo che fu investito dal getto di schiuma dell'estintore. Sembrava un grande bignè alla crema in preda a una crisi isterica.

Cominciò a brancolare per la stanza come un ubriaco nella notte. In quelle condizioni mi fu facile spingerlo nel bagno e per essere sicuro di averlo neutralizzato gli piantai una siringa nella coscia iniettandogli una dose massiccia di tranquillante.

Mi affacciai alla porta della stanza. Nessuno in vista. L'ingresso del reparto era a non più di venti metri, considerato che stavo via via riprendendo forza e scioltezza di movimenti mi sarebbero bastati 10 o 15 secondi in tutto.

Ce ne vollero 16 ma uscii dal reparto senza altri intoppi.

Pensavo già di essere al sicuro quando qualcuno mi rivolse la parola:

– Cavallo! Ehi, Cavallo!

Aumentai l'andatura schivando infermieri e ammalati, ma quella voce maschile non mi mollava proprio:

– Si fermi, Cavallo, le devo parlare... si tratta di una cosa urgente.

Mi voltai per vederlo meglio. Era un tipo alto e un po' ricurvo anche se robusto, aveva il viso schiacciato e i denti all'infuori. Bruttissimo.

Era senz'altro un medico che voleva riportami a letto. Lo dovevo assolutamente seminare.

Misi al tappeto un paio di malati dando un calcio alle loro stampelle, ma lui riuscì ad evitarli.

Girato l'angolo del corridoio, c'era un lettino a rotelle vuoto che stava lì a suggerirmi come togliermi d'impaccio.

Aspettai che il tizio si affacciasse e gli tirai il lettino nello stomaco. Come avevo previsto si accasciò sulla lettiga. Spinsi entrambi con tutte le mie forze contro la vetrata del reparto di cardiologia femminile.

Nel piazzale dell'ospedale non c'erano tram in vista. Buon per loro.

Attraversai e mi infilai sotto un portico a riordinare le idee. Erano le 13 e 15 minuti. Casa mia era dall'altra parte della città, ci voleva troppo per raggiungerla, preparare la valigia, andare a casa del ragionier Quaranta e iniziare il pedinamento.

Stabilii un piano alternativo: avrei preso un taxi, mi sarei infilato in un negozio e avrei comprato tutto il necessario, tanto paga la Kisch International, poi sarei andato immediatamente da Quaranta.

Non avevo ancora concluso di ordinare le idee quando mi ritrovai davanti l'infermiera professionale Teresa in abiti civili che aveva smesso il proprio turno di servizio.

Mi guardò. La guardai.

Stava per farmi una predica e per rispedirmi di peso in ospedale.

Fui più svelto e le rifilai un cazzotto nello stomaco accompagnandolo con pronte scuse:

– Mi perdoni Teresa, non avevo scelta.

Mi rendo conto che non è un bel gesto menare una persona che ti ha assistito, ma d'altro canto una missione è una missione.

Richiamai l'attenzione di un signore con la barba e gli raccomandai di chiamare un'ambulanza o un carro attrezzi per soccorrere l'infermiera Teresa, che tossiva rannicchiata sul marciapiede.

"Cominciamo bene," pensai tra me e me "non ho ancora iniziato la missione e già ho dovuto stendere tre persone".

Presi un taxi e vidi un'ambulanza fare l'intervento di soccorso più corto della storia dell'ospedale Sant'Anselmino dei Disperati.

Mi feci accompagnare nel negozio più costoso della città, era un'occasione da non perdere. Di solito io mi servo al reparto abbigliamento del centro commerciale. È vero che ci lavora una cassiera con la erre moscia, ma il sarto non è certo un francese.

In questo negozio invece era tutta un'altra cosa, a cominciare dal nome StyleHouse. Ciò che faceva la differenza oltre ai prezzi era il commesso, un vero francese con tanto di erre moscia autentica. Acquistai un ricambio completo: giacca, pantaloni, camicia, biancheria intima, un cappello Panama, portafogli e una valigetta. Poi mi rivestii di tutto punto lasciando al commesso i vecchi vestiti.

– 1452 euro in tutto – disse il commesso compiaciuto – le serve altro?

– No, credo proprio di no.

– Credo proprio di sì! Posso consigliare un paio di scarpe e dei calzini, sa… viaggiare a piedi nudi di questi tempi non è conveniente.

Accidenti! Mi ero completamente dimenticato di essere uscito dall'ospedale senza le scarpe.

Uscii dal negozio con uno splendido paio di mocassini marroni numero 41 pianta larga con la tomaia intrecciata. Una sciccheria.

– Metta in conto anche questi alla Kisch.

– Molte grazie, faccia buon viaggio e torni presto – mi urlò dietro il proprietario mentre salivo sul taxi che avevo lasciato ad aspettarmi.

Allungai un biglietto all'autista e gli ordinai di correre all'indirizzo segnato.

– Mi scusi signore ma il tassametro segna già 120 euro e ce ne vogliono altri dieci per arrivare, non vorrei dire ma …

– Va bene gliene darò 150 se riesce anche a stare zitto per i prossimi dieci minuti.

Il taxi partì velocissimo ed in perfetto silenzio.

L'abitazione di Ennesimo Quaranta era quasi alla periferia, in un palazzone popolare anonimo e senza uno stile particolare. Dovevo sincerarmi che fosse ancora in casa ed eventualmente attendere che uscisse per seguirlo.

Pagai i 150 e licenziai il tassista.

– Bravo – gli dissi – come ti chiami?

– Marta.

– Marta?

– Marta!

Suonai il campanello. Rispose una voce femminile:

– Chi è?

– Signora, sono un amico di suo marito.

– Mio marito non ha amici.

– Faccio parte della squadra di calcetto.

– Mio marito non gioca a calcetto.

– Sono un rappresentante della Folletto.

– Abbiamo già un aspirapolvere.

– Sono un Testimone di Geova.

– Siamo musulmani.

– Ci siamo conosciuti al bar.

– Mio marito non va mai al bar.

– Sì... ma.

– Niente ma, lei è uno scocciatore. Mi lasci in pace, e poi mio marito è partito.

Fiuuii, andata. Avevo l'informazione:

– Come? Partito? Ma ritorna...

– No non ritorna è andato a Genova e starà via parecchio tempo.

– ... porco mondo...

– Cosa dice?

– Niente, niente signora grazie, è stata molto gentile, torno un'altra volta.

Dovevo immaginarmelo da un ragioniere, era già partito e con più di due ore d'anticipo.

– Martaaaaaaa!

Marta stava ancora in fondo all'isolato, riuscii a vedere le luci degli stop posteriori accendersi. Sparito. Lo maledissi abbondantemente. Dopo meno di un minuto, però, lo rividi comparire da dove eravamo arrivati. Si fermò davanti a me, abbassò il finestrino. Io aprii la portiera, buttai la valigetta sul sedile posteriore e mi sedetti al suo fianco:

– Si va a Genova, al porto di Genova e di corsa; devo arrivare entro le cinque.

Marta guardò l'orologio, erano le tre, accese il tassametro, si fregò le mani, si infilò un paio di guanti senza le punte e partì in assoluto silenzio.

Dopo pochissimi metri Marta fu costretto a una terribile frenata. L'uomo che avevo lanciato nella vetrata del reparto di cardiologia femminile stava immobile in mezzo alla strada, miracolosamente intero, ostruendo la corsa del taxi.

Marta scese dall'auto per dirgliene quattro ma l'uomo fu più svelto di lui. Aprì la portiera, si sedette vicino a me, mi porse la mano e si presentò:

– Piacere, Benedetto Sperandio. Benedetto di nome e Sperandio di cognome. Ho un lavoro per lei, signor Cavallo.

Non potevo credere alle mie orecchie: un cliente. Un cliente mi rincorreva per strada. La fortuna continuava a sorridermi, in maniera bizzarra ma mi sorrideva.

– Venga a trovarmi in ufficio tra un mese, signor Sperandio, ora non ho tempo. Ho una faccenda urgente da sbrigare.

Nel frattempo Marta aveva ripreso il posto di guida: – Non mi dirà che conosce questo pazzo suicida, vero? – fece il taxista.

– Lei pensi a guidare, Marta, e lei Sperandio scenda da questa macchina, non ho tempo da perdere.

– Faccio il viaggio con lei, così intanto le spiego il caso.

– Va bene, come vuole. Ma adesso andiamo, abbiamo già perso troppo tempo.

Mi rivolsi di nuovo al taxista:

– Forza Marta andiamo, il signore resta a bordo, si sbrighi.

Fu davvero una grande corsa, degna dei migliori gran premi di Formula 1.

Il taxi giallo, si sollevava dall'asfalto. Marta era un ottimo autista, anzi un ottimo pilota. Mi aveva perfino fatto allacciare la cintura di sicurezza, cosa che non faccio mai quando uso la mia auto.

La mia missione non era ancora cominciata e già rischiavo di perdere contatto con la mia lepre. Tutto dipendeva da Marta.

Sperandio non riuscì a dire una parola, era terrorizzato dalla velocità. Mi spiegò solo che il caso di cui dovevo occuparmi riguardava una donna e che mi avrebbe seguito sulla nave pur di raccontarmi con calma di cosa si trattava. Sembrava veramente afflitto, inoltre sanguinava ancora da uno zigomo per via della vetrata. Mi feci intenerire e gli diedi il permesso di seguirmi.

– Genova-Casablanca, Sperandio, non un metro di più. Le concedo il tempo del viaggio in nave, mi spiega il caso nel dettaglio e poi lei torna in Italia e io vado per la mia strada. D'accordo?

– D'accordo.

– Mi occuperò della faccenda al mio ritorno, non un minuto prima.

– Va bene.

– Le costerà parecchio, lo sa?

– Se mi aiuterà le sarò riconoscente finché campo.

– Cominci col riconoscermi un anticipo di 250 euro.

Il cliente pagò in contanti.

Imboccammo l'uscita dell'autostrada di Genova quando mancavano dieci minuti alle cinque. Per non perdere tempo consultai il tassametro e contai esattamente la cifra che serviva per pagare la corsa più un extra per i successivi pochi chilometri che restavano. Appoggiai il denaro sul cruscotto e feci un cenno a Marta col pollice verso l'alto.

Marta non rispose, solo fece un piccolo cenno di assenso col capo arricciando il mento e la bocca.

Alle cinque in punto eravamo sulla banchina del porto dove era attraccata la nave da crociera Smeraldo. La scaletta d'imbarco era ancora aperta ma un paio di marinai stavano sciogliendo le gomene di ancoraggio. Mi scaraventai giù dal taxi e corsi verso di loro urlando di aspettarmi.

Genova-Casablanca sola andata

Genova-Casablanca sola andata

– Fermi, fermi! Devo salire a bordo, è una questione di vita o di morte!

Non c'era tempo per i convenevoli, mi tuffai sulla scaletta d'imbarco senza poter evitare l'impatto con la schiena di uno dei due marinai.

Il colpo fu terribile, almeno per me, lui forse non se ne accorse nemmeno.

Salii a quattro a quattro i gradini mentre dal ponte una piccola folla di passeggeri aveva cominciato a lanciare urla d'incitamento.

– Dai che sei solo!

– Forza, fagli vedere chi sei!

Qualcuno tentò di organizzare una ola in mio onore.

Qualcuno un po' più cinico raccoglieva scommesse.

Arrivato al gradino più alto dovetti frenare repentinamente per non cadere di sotto poiché la scala era già stata scostata di circa un metro. Il pubblico sul pontile ammutolì. La sirena della nave lanciò il segnale della partenza. L'hostess che riceveva i passeggeri reggeva il cancelletto pronta a serrarlo. La guardai negli occhi. Anche lei mi guardò.

Chiusi gli occhi e mi lanciai nel vuoto.

Quando li riaprii ero disteso a pelle di leone sul pontile della nave. Girai lo sguardo verso l'alto e vidi la hostess che mi sorrideva compassionevole porgendomi la mano per farmi rialzare. La folla di curiosi lasciò partire un applauso liberatorio e si disperse.

Chi aveva puntato su di me incassò la scommessa.

La signorina al mio fianco chiese gentile:

– Il suo biglietto per favore.

– Non ce l'ho! Come ha visto sono stato piuttosto indaffarato negli ultimi due minuti.

– Ma non può viaggiare senza biglietto.

– Me ne faccia uno

– Le costerà il 60 % in più.

– Ho come la sensazione di non avere molte alternative.

– Direi che non ne ha proprio, a meno che non voglia gettarsi a mare.

Pagai.

– Non ha bagaglio con sé?

– La valigetta!! – urlai rifilandomi una sonora manata sulla fronte. – L'ho dimenticata nel taxi.

– Se ha bisogno di indumenti c'è un'ottima boutique su questa nave, non avrà difficoltà a trovarla.

Ringraziai e mi diressi al negozio. Acquistai un ricambio completo: giacca, pantaloni, camicia, biancheria intima, un cappello Panama, portafogli e una valigetta. Poi presi possesso della mia cabina e mi misi al lavoro.

– Veramente un bel gesto atletico, complimenti, Cavallo.

– Benedetto Sperandio??? È riuscito a salire?

– Questi erano i patti. Ricorda?

– Sì, ma come ha fatto a salire in tempo?

– Vede, Cavallo, mentre lei deliziava gli astanti con quel suo pericoloso salto dalla scaletta io ho chiesto al personale di bordo la gentilezza di farmi salire dalla scala di servizio. E ora, eccomi qua.

– Vuol dirmi che ho rischiato la pelle per niente?

– Per niente non direi, visto che ha raccolto gli apprezzamenti di mezzo equipaggio e di quasi tutti i passeggeri.

Mentre parlavo con Sperandio adocchiai il mio uomo.

– Venga, Benedetto, mi segua mentre parliamo.

– Ben. Mi chiami pure Ben.

Ennesimo Quaranta era seduto a un tavolino ai bordi della piscina, non fu affatto difficile riconoscerlo: era l'unico disteso al sole con la camicia e il giubbino di fibra sintetica. Di tutti gli altri il più coperto indossava un costume da bagno e le ciabatte. Solo un altro personaggio si distingueva: un tipo moro con i capelli ricci e folti baffi che gli nascondevano le labbra. Aveva una camicia bianca aperta fino all'ombelico dalla quale spuntava una vistosa collana d'oro di almeno un paio di chili e occhiali da sole a specchio di quelli che vendono gli ambulanti per strada.

Mi sedetti abbastanza defilato da non essere scoperto ma non tanto da perderlo di vista. Ben si accomodò vicino a me. Il mio nuovo cliente si muoveva con grande complicità, aveva capito la situazione.

La stessa hostess di prima si avvicinò a Quaranta, disse qualcosa che non riuscii a percepire, dai gesti sembrava che lo invitasse a seguirlo. Quaranta si alzò e la seguì.

Mi passarono davanti, lei mi sorrise e io abbassai il Panama sulla fronte. Poi passò la mia preda e dopo qualche secondo il tipo con gli occhiali a specchio.

– Mi perdoni, Ben, ora la devo proprio lasciare. Il dovere chiama.

– Buona fortuna, Cavallo.

– La fortuna non serve a chi ha del talento.

Mi accodai al corteo.

I due scesero un paio di pontili più sotto fino a una cabina. Entrarono, poi uscirono. L'hostess fece un cenno a un uomo con una divisa da operaio il quale se ne andò e ritornò dopo diversi minuti con altri due uomini anche loro con la tuta arancione e il nome della nave scritto sulla schiena. Reggevano due valige ciascuno, entrarono nella cabina e ne uscirono subito dopo.

Ennesimo e la hostess aspettavano in silenzio seduti davanti alla cabina, il tipo coi baffi fingeva indifferenza guardando il panorama affacciato alla balaustra del pontile, io fingevo indifferenza osservando la hostess, Ennesimo, il tipo coi baffi e il panorama.

Dopo quattro o cinque minuti, gli operai erano di

nuovo lì tutti e tre con altre due valige a testa. L'operazione si ripeté uguale per più di mezz'ora durante la quale contai ventisette valige tutte uguali. Nere, rigide, di una cinquantina di centimetri l'una e ciascuna con un numero giallo appiccicato in bella vista. Gli operai, mentre salivano i pontili trascinandosi dietro il peso delle valige, smoccolavano abbondantemente all'indirizzo del proprietario, poi smettevano non appena erano in vista dei due che li aspettavano e allargavano certi sorrisi finti che avrebbero cavato una mancia anche al più tirchio degli scozzesi.

A tutti meno che a Ennesimo Quaranta, capo ragioniere della catena di ristoranti Kisch, il quale non fece una piega.

Quando il trasloco fu terminato, la hostess lo salutò:

– Il suo bagaglio è a posto Signore, può disporre di me per qualsiasi cosa abbia bisogno.

Il ragioniere rispose con un grugnito e un cenno della testa, entrò in cabina, ne uscì dopo dieci minuti, la richiuse e si diresse nuovamente alla piscina. L'uomo coi baffi lo seguì.

Attesi che se ne andassero e mi misi alla ricerca degli operai. Li trovai seduti a terra poco lontano.

– Ehi voi!

Uno degli operai si girò e fece cenno agli altri di guardare. Avevano ancora in mano i fazzoletti per asciugarsi il sudore e avevano ripreso a smoccolare.

Potevo immaginare a chi erano indirizzati i complimenti.

– Sono il segretario del Signor Quaranta, quello al quale avete portato le valige.

– Segretario di chi? Di quel verme pidocchioso? Abbiamo fatto una sfacchinata che ce ne bastava metà e non si è neanche degnato di ringraziarci. Se ce le fanno portare un'altra volta, quelle valige le buttiamo a mare.

Era meglio evitare che il Quaranta si creasse dei nemici. Le istruzioni di Margherita Pot erano state chiare al proposito, non gli doveva succedere alcun incidente. Tutte quelle valige probabilmente erano un modo, singolare ma efficace, di nascondere i plichi segreti che trasportava. Un eventuale ladro avrebbe avuto il suo bel da fare per aprirle tutte.

– No, egregi signori, vi sbagliate, sono qui proprio per questo. Mi ha incaricato di darvi una lauta mancia. Sapete come sono fatti questi ricconi. Queste cose le fanno fare a noi, loro non lo toccano nemmeno il denaro.

Tirai fuori tre biglietti da dieci dollari e ne consegnai uno a testa:

– Con i più sinceri ringraziamenti del Signor Quaranta.

I tre rimasero impassibili con i dieci dollari in mano. Passai in rassegna le loro facce dure che non lasciavano intendere niente di buono. Tirai fuori altri tre biglietti e ripetei l'operazione:

– Con i più sinceri ringraziamenti del Signor Quaranta.

I tre stavolta risposero a turno:

– È stato un vero piacere, un lavoretto da niente.

– La gente fine si riconosce subito.

– Davvero generoso. Ci consideri a sua disposizione.

Segnai la cifra sul mio taccuino in coda alle altre spese.

Adesso c'era da risolvere la faccenda del tipo con la catena d'oro al collo. Non poteva che essere un malintenzionato. Qualcuno della mala o semplicemente un borseggiatore. O forse un altro detective mandato da Margherita Pot. No, altrimenti avrebbe pagato lui la mancia degli operai. Vidi la sua camicia bianca appoggiata a una scialuppa di salvataggio. Più avanti Ennesimo Quaranta leggeva la guida del turista fai da te. Solo in quel frangente notai che i suoi vestiti erano perfettamente in ordine. Né una piega, né uno strappetto, nemmeno una macchia. Controllai la mia manica destra, era pulita.

L'uomo con gli occhiali a specchio invece aveva un vistoso rigonfiamento all'altezza della cintola, che gli tirava le cuciture della camicia, certamente una pistola.

Si spostava come se stesse passeggiando annoiato, fece un largo giro per prendere alle spalle il mio assistito. Sul ponte c'erano poche persone e piuttosto lontane. Quando fu a pochi passi infilò la mano nella camicia, si guardò attorno. Feci in tempo ad abbassare la testa per non essere visto. Lasciò passare un rappresentante francese di detersivi per la pulizia del bagno. Fece un altro passo in avanti. Estrasse la pistola, tenendola sotto la camicia e la puntò verso la sua vittima.

Proprio in quel momento un gabbiano lasciò cadere quello che restava della sua digestione, la macchia di guano si spalmò con precisione millimetrica sulla spalla sinistra del delinquente. Nello stesso istante Ennesimo Quaranta consultava l'orologio, chiudeva la guida turistica, si alzava e si dirigeva a passo spedito al ristorante.

Sul ponte c'eravamo ormai solo io e l'uomo con gli occhiali a specchio che cercava disperatamente di pulirsi la spalla con un pezzo di carta. Non era il caso di esitare. Afferrai un salvagente, mi gettai sull'uomo e glielo infilai dalla testa. Rotolammo insieme per terra. Il legno del pontile rimbombò. Così impedito non poteva reagire, gli strappai la pistola dalla mano e gli rifilai una botta sulla nuca che lo stordì. Afferrai nuovamente il salvagente con dentro il delinquente e li infilai nel primo ripostiglio aperto che trovai. Entrai anch'io.

Senza gli occhiali lo riconobbi immediatamente. Era Yussef Ben Tharkiat detto Sardina, un francese di origine algerina, un pesce piccolo della mala Marsigliese.

L'interrogatorio non durò a lungo, mi bastarono quattro ceffoni ben assestati per fargli spifferare tutto. L'uomo con le ventisette valige era stato notato al porto di Genova da un informatore dei marsigliesi.

In pochi minuti la notizia era stata diffusa. Ben Tharkiat era stato incaricato di aprire le valige e prelevare qualsiasi oggetto strano ci avesse trovato e consegnarlo a un emissario al porto di Casablanca. Ormai mi fu chiaro che in qualsiasi posto fossimo arrivati ci sarebbe stato qualcuno ad aspettare in agguato. Ci attendevano guai seri.

Sardina confessò tutto e venne rinchiuso e sorvegliato per il resto del viaggio. Ovviamente pregai il capitano di non diffondere la notizia per non allarmare i passeggeri.

– Gran bel lavoro, Cavallo, lo sapevo che lei era uno in gamba.

– Per fortuna c'è qualcun altro che se ne accorge oltre me… e lei invece è davvero ovunque.

– Sono dove occorre essere, e questa volta mi starà a sentire.

– Avanti, sputi il rospo… – Sperandio mi prese per sfinimento.

– Si tratta di una donna, una donna bellissima.

– Affare di tradimenti?

– No, non esattamente.

– Allora?

– C'è una ragazza mora che lavora in una panetteria. Ha una carnagione chiara, è timida e quando sorride il viso le si colora di rosso in maniera quasi impercettibile.

– Ho capito, si è innamorato della commessa del fornaio. Vada avanti.

– Sì, da principio ho cominciato a frequentare più assiduamente il negozio per il solo piacere di vederla poi mi sono accorto che quando mi parlava mi tremavano le gambe e mi correva un brivido giù per la schiena.

– Adesso non fa altro che pensare a lei e la vorrebbe sposare. Giusto?

– Giusto.

– Bene, allora sa che le dico?

– …

– Le dico che io non tratto faccende del genere. Si rivolga ad un'agenzia matrimoniale o a qualche maga chiromante e si compri un filtro dell'amore.

– Abbia pazienza, Cavallo, mi lasci finire.

– Senta Sperandio, ho avuto una giornataccia: sono uscito da un ospedale dove mi hanno avvisato che ero stato investito da un tram, mi sono imbarcato su questa nave per Casablanca senza nemmeno passare da casa, ho rischiato di finire in mare, mi sono schiantato sul ponte della nave, ho preso a cazzotti un pericoloso criminale, non ho nemmeno avuto il tempo per uno spuntino e lei pretende che io ascolti le sue pene d'amore. Non le sembra troppo?

– Non ha ancora cenato?

– No, ha sentito bene: non ho ancora cenato!

– Oh mi scusi, avrebbe dovuto dirmelo. In questo caso non la tratterrò oltre. Si mangiano ottime aragoste su questa nave. Possiamo rimandare a domani la nostra conversazione.

– Ecco, bravo. Ottima idea. Ne parliamo domani. Buonanotte.

– Notte.

Benedetto fece qualche passo poi si voltò di nuovo verso di me:

– Ci conto, Cavallo, ne parliamo domani. Non mi costringa a ricordarle che mi ha promesso di occuparsi del caso e che per giunta le ho anticipato 250 euro.

Sperandio aveva un qualcosa di elegante nella sua ossessiva insistenza ma quella sera fui contento di essermene liberato, anche se poteva trattarsi di un buon cliente.

Si era fatto buio, ero sfinito e avevo una fame da lupo. Ma prima avevo ancora una cosuccia da sbrigare. Da un computer messomi a disposizione dal Capitano inviai un messaggio a Ciro Sorensen, il mio aiutante anglonapoletano, nel quale gli chiedevo di dare da bere ai fiori del balcone, comperare un paio di pistole giocattolo e raggiungermi a Casablanca. Poi mi inserii, con la password Ketchup, nella posta elettronica di Ennesimo Quaranta. C'era un messaggio, evidentemente in codice:

da: ragionier.quaranta@kischinternational.it
a: giuseppina.salutati@inquaranta.it

Cara Pina,
il mio viaggetto è iniziato nel migliore dei modi.

Sono arrivato a Genova con largo anticipo e così mi sono fatto due passi nelle viuzze della città vecchia tra i balconi fioriti dei gerani che ti piacciono tanto.

La nave è molto confortevole e il personale di bordo è gentilissimo. Non ti lasciano spostare nemmeno un bicchiere e non pretendono alcuna ricompensa.

La mia cabina è comodissima ma è ancora più gradevole stare sul ponte a guardare la città che si allontana piano piano.

Ti sarei molto grato se mi facessi pervenire a Casablanca

attraverso il corriere la Lumaca Storpia qualche paio di calzini di lana (sul ponte di sera fa freschino) la fascia elastica per il mal di schiena e la calcolatrice che usavo quando ero studente. Mandami tutto presso l'hotel Narghilè.

Sono proprio curioso di vedere Casablanca.

Sulla nave ho conosciuto un distinto signore arabo, abbiamo conversato a lungo. Aveva un bellissimo paio di occhiali e volevo chiedergli dove li avesse comprati ma è sparito e non ho più avuto modo di vederlo.

Ricordati di portare il cane dal veterinario e di innaffiare i miei pomodorini. Non fare confusione come il mese scorso, vero tesoruccio, ti ricordi quando hai portato i pomodori al veterinario ed hai inzuppato Briciola come una spugna? Ehh la mia adorabile sbadatina… aveva proprio ragione la tua povera nonna quando ti consigliava di sposare un uomo preciso come un ragioniere.

Ora vado a coricarmi e penso proprio che mi metterò il pigiama a quadretti con ricamata la data del nostro matrimonio.

Speriamo che sia un viaggio privo di imprevisti.

Notte.

Mille volte tuo, Quaranta.

Il buco nello stomaco si era fatto insopportabile, mi sedetti a un tavolo del ristorante e consultai la lista dei cibi. Era particolarmente invitante.

Optai per:

* *Aragosta sfarinata al maraschino*
* *Astice in bellavista*
* *Cestino di gamberi e salmone in gelatina scozzese*
* *Crotalo seminudo alle fragole*
* *Prudoli al pan grattato e prezzemolo*
* *Spumetta al tonno Gautier*
* *Pinot Sauvignon terre di Madam Paulette*

Ordinai al cameriere il quale tornò dopo pochi istanti:

– Mi dispiace signore ma il cuoco mi informa che la cucina è chiusa e non è rimasto niente, se vuole posso farle portare un bicchiere di latte caldo in cabina.

Stramazzai al suolo svenuto, mi servirono un cognac che mi risvegliò ma mi fece venire un gran mal di testa. Allora mi furono date due pastiglie rosse enormi che mi provocarono un'allergia alla pelle per cui fu necessario somministrarmi degli impacchi di ortica, mandarino e soffritto di cipolle. L'impacco mi diede un certo sollievo ma il suo fetore e il rollio della nave sulle onde mi procurarono un vomito che mi costrinse tutta la notte nei pressi del bagno e molto spesso dentro. Tra un conato e l'altro scrissi il mio rapporto e lo inviai.

Per fortuna almeno per quella notte Ennesimo Quaranta era al sicuro.

cap. 4

A Ginevra non c'è il mare

A Ginevra non c'è il mare

Yussef Ben Tharkiat fu sbarcato a Barcellona alle 7,30 della mattina successiva. La cosa mi tranquillizzò. Quando fui svegliato dal trambusto che i passeggeri più mattinieri creavano al di fuori della mia cabina, la prima cosa che mi venne in mente fu il ristorante. Avevo in bocca un sapore come di gatto morto da un paio di settimane e putrefatto al punto giusto.

Stavolta ebbi successo e il cameriere della sera prima, preso da compassione, ci mise tutta la sua buona volontà per soddisfarmi: caffè, succo d'arancia, marmellata di frutti di bosco della Foresta Nera, una banana delle dimensioni d'uno stoccafisso, biscottini al cocco, pancetta affumicata, due uova ben 'frittate' e una mezza dozzina di qualcosa di rotondo che non riconobbi ma mi piacque.

Al momento della banana comparve in sala Ennesimo Quaranta, fresco come una rosa e in ordine come il salotto buono di mia sorella. I vestiti, sempre gli stessi ma perfettamente puliti e stirati. Dovetti faticare non poco per trovare una piega fuori posto, tanto che alla fine ci rinunciai.

L'arrivo a Casablanca era previsto per il giorno successivo alle dieci del mattino, decisi che mi sarei cambiato d'abito prima di sbarcare. La giornata trascorse senza altri incidenti, Quaranta non faceva altro che leggere e poltrire. Io invece trovai il modo di distrarmi.

Feci il bagno in piscina ma siccome tra le tante cose avevo scordato anche il costume, dovetti farmene prestare uno da un ex galeotto irlandese di tre misure più grosso di me. La differenza di taglia mi provocò qualche impaccio nello stile libero, in compenso mi riusciva bene il morto.

Prima di pranzo riuscii a vincere un paio di dollari a un tavolo da poker. Quando i genitori vennero a riprendersi gli altri tre giocatori dovetti restituire i soldi.

Mi dedicai alla pesca d'altura col solo risultato di rimetterci una cinquantina di dollari per pagare la canna che un pesce, abboccato all'amo, mi aveva strappato di mano. Il capitano si complimentò lo stesso.

Dedicai anche qualche minuto a Margherita Pot studiando una strategia di corteggiamento che avrei attuato al mio ritorno.

Alle 8,30 del mattino successivo quasi tutti i passeggeri erano seduti ai tre ristoranti della nave per la prima colazione.

Avevo guadagnato un tavolino poco distante da Ennesimo Quaranta. Con me c'era, manco a dirlo, il tenace Sperandio.

– Ginevra – disse estasiato guardando, perso, l'orizzonte.

– No, Casablanca, quella è Ca-sa-blan-ca. Anche perché a Ginevra non c'è il mare.

– Ginevra! Si chiama Ginevra la ragazza della forneria.

– Ah certo… bel nome.

– Le dicevo che sono follemente innamorato di lei e…

– E che intende sposarla.

– Solo che prima la devo corteggiare ma soprattutto devo riuscire a conquistare il suo cuore. È qui che ho bisogno del suo aiuto.

– Ma mi faccia il piacere, Ben, alla sua età non sa ancora come corteggiare una donna.

Nel frattempo la sala ristorante si andava riempiendo completamente.

Il chiacchiericcio allegro di tutta quella gente era diventato un rumore assordante. In pochi si resero conto del disastro incombente. La nave si bloccò di colpo, solo qualche tazzina di caffè si rovesciò, tra queste la mia. Più di metà del contenuto finì sulla manica destra della mia giacca nuova. Il ristorante si inclinò di qualche grado. Qualcuno cominciava a sentirsi insicuro sulla sedia e cercava di riaccomodarla sotto il tavolo restando seduto. Solo un paio di minuti più tardi comparvero una decina di persone tra marinai e hostess che si dispersero per il salone. Si accese l'altoparlante e si udì la voce calma del capitano:

– Signori, attenzione prego. Abbiamo avuto un piccolo incidente, niente di grave, non c'è alcun pericolo imminente. Vi prego di farvi condurre dal personale di bordo alle vostre cabine per ritirare i bagagli. Poi recatevi sul ponte numero 1 indossate i giubbotti salvagente e attendete altre disposizioni per salire a bordo delle scialuppe di salvataggio. Ripeto: mantenete la calma per consentirci di procedere alle operazioni di sbarco.

– Ho la sensazione che ci siamo arenati.

– Già, e ci stiamo pure inclinando di parecchio.

– A quanto pare il capitano intende sbarcarci con le scialuppe di salvataggio.

– Be', allora stiamo proprio andando a fondo.

– Una bella disdetta interrompere questa squisita colazione, non trova Cavallo?

– Ho avuto sfortune peggiori, di recente.

– Pensi che eravamo praticamente arrivati. Guardi laggiù; si scorge nitidamente il porto con i moli di attracco. Che situazione grottesca.

La vista del porto non tranquillizzò i turisti né tantomeno servirono le parole del capitano.

Dapprima si alzò un brusio sommesso, poi qualcuno cominciò a urlare, infine il ristorante divenne una bolgia infernale dove tutti si accalcavano verso l'uscita. Il personale di bordo non aveva alcuna possibilità di intervenire a dirigere la folla ormai sopraffatta dal panico.

Tutti meno Ennesimo Quaranta, il sottoscritto e Benedetto Sperandio. Il ragioniere era ancora seduto al suo posto e stava ripiegando il tovagliolo. Dovevo appiccicarmi alle sue costole e non mollarlo per un istante. Ben a sua volta stava appiccicato a me fermamente intenzionato a continuare il suo racconto.

Quaranta attese che il grosso della folla fosse uscito e si alzò. Diede un paio di colpi con la mano alla piega dei pantaloni e si avviò all'uscita. Lo precedetti di qualche passo.

Infilai la porta prima di lui, sul ponte un via vai di persone che correvano impediva di uscire. Riuscii ad aprirmi un piccolo varco. Misi un piede fuori dal ristorante, giusto in tempo per farmi investire da un commerciante marocchino con le quattro mogli e i dodici figli al seguito. A parte il primo che mi aveva abbattuto, gli altri sedici mi passarono sopra come su un tappetino di benvenuto, di quelli che si mettono davanti alla porta di casa. Gli ultimi due, obesi dalla nascita, mi lasciarono l'impronta delle loro babbucce sul fondo schiena.

Quando mi rialzai, Ennesimo Quaranta era sparito. Probabilmente era uscito indenne dietro quella mandria col caffetano.

Lo raggiunsi alla sua cabina scavalcando nell'ordine:

- Un pastore tedesco cane che viaggiava in prima classe.
- Un pastore tedesco sacerdote che predicava il pentimento prima della catastrofe imminente.
- Un fattore di Potenza contadino e la moglie fattrice.

- Il proprietario di una ferramenta di Cremona.
- Il proprietario di una cremeria di Ferrara.
- Un sardo, una sarda e un sordo.
- Una danzatrice del ventre.
- Un ventriloquo patito per la danza.
- Una barbie abbandonata.
- Gli occhiali a specchio di Yussef Ben Tharkiat e il terzino destro della Salernitana.

Stremato dalla corsa a ostacoli raggiunsi la cabina del contabile. Se ne stava appoggiato allo stipite della porta controllando una squadra di portabagagli che prelevavano le valige dalla stanza e le trasferivano due a due sulla scialuppa di salvataggio proprio di fronte. Gli altri passeggeri aspettavano tranquilli che l'operazione fosse completata. Mentre in tutto il resto della nave il terrore si leggeva negli occhi dei passeggeri, quella zona era calma e rilassante come la sala da tè di un club londinese. Rimanendo opportunamente defilato mi sincerai che il trasloco terminasse e che Ennesimo Quaranta si fosse messo in salvo. Quando gli altri passeggeri cominciarono a prendere posto mi ricordai che anch'io avevo una valigia da recuperare e un salvagente da indossare. Cercai di tornare alla mia cabina. Feci solo pochi passi nella direzione dalla quale ero venuto prima che una specie di enorme tenaglia mi afferrasse la spalla. Era il capo dei portabagagli:

– È lei vero il segretario di quel signore con tutte quelle valige?

Capii subito che in quel frangente non potevo negare: – Sì – risposi – ma adesso devo recuperare la mia.

– Un mio uomo è già andato a recuperarla. Sarà qui tra qualche minuto, nel frattempo può provvedere a lasciare una piccola mancia.

Le alternative erano entrambe poco allettanti. O perdere la valigia o pagare. Pagai venti dollari a testa per tredici facchini e trenta per il capo. Quando l'uomo con la mia valigia tornò di lì a poco dovetti sborsare altri venti dollari e ringraziare, ricevetti in cambio la mia ventiquattrore che teneva in ostaggio.

Le operazioni d'imbarco nel frattempo si erano completate. La scialuppa era stracarica di gente e dei loro bagagli, a prua troneggiavano le preziosissime ventisette valige di Ennesimo Quaranta.

L'ufficiale addetto alla scialuppa mi chiamò:

– Forza, si sbrighi! Non possiamo aspettare oltre, vuole salire o vuol farsela a nuoto fino a riva?

Non era il caso di tentare di giustificarmi. Mi avvicinai alla scialuppa e vi entrai con un piccolo balzo verso il basso. Con una mano mi appoggiavo all'ufficiale con l'altra trascinavo la valigia. Durante l'atterraggio, a causa delle mie scarse doti atletiche e di un leggero dondolio della barca la valigetta andò a sbattere contro la schiena di una signora tedesca che, scoprii più tardi, in gioventù era stata campionessa olimpionica di lancio del peso.

La scena che seguì fu una tragedia della quale non avrei mai voluto essere protagonista.

La vecchietta si alzò con uno scatto insospettabile e cominciò a malmenarmi con un ombrellino da sole che resistette solo qualche colpo prima di rompersi sulla mia fronte. L'ufficiale strillava che dopo aver fatto aspettare tutto quel tempo non era il caso che mi mettessi a provocare quel trambusto. Il pastore tedesco mi rimproverò di essermi portato dietro tutto quel bagaglio mettendo a rischio la vita di persone innocenti solo per il mio attaccamento alle cose terrene. L'equipaggio della scialuppa conveniva e mi osservava insofferente. Gli occhi del centinaio di passeggeri ospiti della barca mi stavano addosso rimproverandomi il bagaglio ingombrante, l'irresponsabilità di averli fatti aspettare e l'incoscienza di non aver indossato il salvagente.

"Un bagaglio ingombrante?" pensai tra me e me "Possibile che nessuno noti le ventisette valige di Quaranta e che mi facciano tutto questo processo per una valigetta ventiquattrore?" Comunque era meglio così: almeno il mio uomo era al sicuro.

La barca nel frattempo toccava il mare.

L'ufficiale prese a scrollarmi le spalle, mentre barcollavo tra la sua presa e le botte della pesista provai ad allentare la tensione:

– Se volete scendo.

– Non faccia lo spiritoso – urlò l'ufficiale – questo non è un film. È una situazione di emergenza e gentaglia come lei mette a repentaglio la vita di tutti. Intanto questa valigia non può stare qui, è troppo ingombrante.

Mi strappò la valigetta dalle mani e la gettò in mare senza pensarci due volte.

– Ma cosa fa? – urlai. – Lei non può, io la denuncio. La mia valigia...!

– Chiuda il becco, razza di maleducato! – intervenne la vecchia rifilandomi un manrovescio che mi fece barcollare più volte fino a che non caddi in mare tra gli applausi e l'esultanza della piccola folla riunita su quella bagnarola.

Forse era il fragore delle onde che copriva le mie urla. Sta di fatto che nessuno sembrava intenzionato a muovere un dito per aiutarmi.

Solo un signore con un vestito di lino color crema, che non avevo notato sulla nave, ebbe compassione di me. Legò il capo di una fune alla barca e l'altro a un salvagente e me lo lanciò. Mi ci infilai rapidamente per la testa facendomelo passare sotto le ascelle. A giudicare dalle cacche di gabbiano che lo coprivano, doveva essere lo stesso che avevo usato per catturare Yussef. Cominciai il viaggio a rimorchio della scialuppa. Dopo pochi minuti vidi un signore che si gettava in mare tuffandosi in perfetto stile. Pensai che qualcuno volesse riportarmi gentilmente sulla scialuppa invece quando mi fu più vicino lo riconobbi. Era Sperandio.

Quell'uomo era più appiccicoso della carta moschicida.

– Le dicevo che per corteggiare Ginevra ho bisogno del suo aiuto.

– Le pare il luogo ideale per parlare d'affari?

La situazione era quantomeno imbarazzante: io venivo trainato dalla scialuppa dentro un salvagente pieno di cacche di piccioni, mentre Ben mi veniva appresso nuotando in perfetto stile olimpionico. Non ebbi nemmeno il coraggio di chiedergli aiuto.

– Voglio corteggiarla a colpo sicuro, non posso permettermi il minimo errore. Lei si informerà nel dettaglio sui gusti e le abitudini della ragazza, me le riferirà ed io la asseconderò in tutto. Ginevra ama i ciclamini? Io farò recapitare un mazzo di ciclamini. Ginevra ama i gatti persiani? Le racconterò di possedere un persiano a cui sono molto affezionato. Mi spiego?

– Si spiega perfettamente.

– Sarò così vicino a darle quello che si aspetta da un uomo che penserà di aver trovato l'uomo della sua vita.

– Lei è pazzo, Sperandio, ha bisogno di uno psicologo e io di un bagnino.

– Non la pago per giudicare la mia salute mentale. La pago per fare quello che le ho detto, per il resto sono fatti miei.

– E, mi dica, secondo lei, io come dovrei fare a sapere se Ginevra sogna una vacanza nella steppa russa orientale a cavallo di un pony maculato?

– Non ne ho la più pallida idea. D'altronde il detective è lei, Cavallo.

– Quindi lei mi pagherebbe per sapere nel dettaglio i vezzi della commessa di una forneria.

– Non di una forneria qualsiasi, ma della 'Forneria Pagnotta e nipoti' in via delle Mele Cotogne, non sbagli mi raccomando.

Detto questo Sperandio mi si avvicinò e mi porse la mano.

– Buon lavoro, Cavallo, aspetto sue notizie al più presto.

Poi sparì tra le onde con una nuotata sicura raggiungendo la riva con largo anticipo sulle scialuppe di salvataggio.

Mi persi per un attimo in pensieri filosofici: perché un uomo, all'apparenza sicuro ed elegante, capace di raggiungere la riva in due bracciate, deve affidare il suo futuro a uno come me che si stava facendo trascinare da una bagnarola dentro un salvagente sporco di cacca di piccione? Non trovai una risposta che avesse una logica e per di più continuavo a ingollare grosse sorsate di acqua salata.

Mi sentivo in preda agli eventi e con il morale che andava a fondo.

E pensare che il peggio di quel viaggio in mare doveva ancora venire.

Fu infatti in quel momento che vidi una cosa che mi fece gelare il sangue.

Una, due, tre, quattro. Ne contai cinque ma forse erano di più le pinne di squalo che si avvicinavano alla scialuppa di salvataggio.

Quando mi furono vicine cominciarono una danza lenta e terribile attorno a me.

Prima invocai tutti i miei parenti morti che mi venissero in soccorso, poi cominciai a nuotare più forte che potevo nella direzione della riva. In pochi secondi divenni da rimorchio a motrice: senza più guardarmi indietro trascinai letteralmente la scialuppa sulla spiaggia.

Ero salvo.

Ansimante e gocciolante ero ancora piegato in due dallo sforzo quando vidi cinque ragazzini uscire dalle onde. Avevano in mano delle finte pinne di squalo e si spanciavano dalle risate.

Non avevo ancora preso fiato, ma provai a rincorrerli.

Due di loro si diressero verso le loro biciclette, io lo intuii e ci arrivai per primo.

Cinque minuti più tardi le due bici erano diventate un unico ammasso di rottami cigolante dove a malapena si distinguevano le ruote.

Mi vennero in mente gli insegnamenti di nonno Eusebio detto 'Il Fetente': non lasciare che uno stronzetto diventi grande, tiragli il collo prima! Guardai le carcasse delle bici e fui fiero delle mie origini.

Il tizio con il vestito di lino, che nel frattempo era sbarcato dalla scialuppa, venne verso di me.

– Lasci loro perdere, volevano solo fare scherzo. Non ci sono squali su nostre piagge.

– Sarà, ma io ho rischiato l'infarto.

– Una brutta avventura!

– Non c'è male – dissi strizzandomi i vestiti inzuppati.

– Credo lei avere bisogno di buono albergo.

– Questa sì che è un'idea.

– Posso accompagnare lei con mia automobile?

– Grazie, purché mi tenga lontano dal mare e dalle campionesse olimpiche.

– Lei non preoccupato. Casablanca è città molto ospitale.

– Se non le dispiace vorrei andare all'hotel Narghilè.

– Ottimo albergo, saremo lì durante pochi minuto.

Salutai il mio salvatore che mi diede appuntamento per la notte nel suo locale. Lessi il suo nome e quello del locale sul biglietto da visita: Sam Mharrameko – Harry's Bar Night Club.

Per poterlo tenere d'occhio, presi una camera vicino a quella di Ennesimo Quaranta. Prenotai per una sola notte.

Il receptionist mi chiese di liquidare in anticipo i 150 dollari. Un brivido di terrore mi percorse la schiena; temevo d'aver perso il mio denaro nel naufragio. Infilai la mano nella giacca ancora fradicia d'acqua salata, il portafogli era indecente ma ancora al suo posto. Depositai sul bancone otto biglietti da venti dollari marinati. L'impiegato guardò la fila di biglietti con l'entusiasmo di un musulmano davanti a uno zampone di porco durante il Ramadam. L'uomo prese dalla cassa dieci dollari per il resto e me li porse in mano.

– Non ha bagaglio signore?

– Non faccia lo spiritoso, giovanotto – presi dal mio pacco di soldi inzuppati altri 10 dollari e li depositai accanto ai primi. – La mancia per gli inservienti – dissi e salii alla stanza 428.

Chiamai al telefono la boutique dell'albergo e mi feci recapitare due di tutto: giacca, pantaloni, camicia, biancheria intima, cravatta, un solo portafogli, una valigetta ventiquattrore, un cappello Panama e un paio di mocassini marroni con la tomaia intrecciata. Feci mettere in conto alla Kisch International di Casablanca.

cap. 5

Hotel Narghilè

Le notti di Casablanca sono notti magiche, il cielo stellato, la brezza del mare, le musiche arabe che si levano dai vicoli, la fragranza di gelsomino eccetera eccetera. Il depliant dell'albergo era chiarissimo al proposito e prometteva vacanze indimenticabili.

Avevo ben altro per la testa, la mia missione e il gruzzolo di quattrini che mi aspettava a Milano. Quindi tutto ciò per me non era che un dettaglio di poco conto e, a giudicare dall'espressione del viso, neanche sul ragionier Quaranta facevano alcun effetto.

Mi piazzai nella hall dell'albergo, in attesa che uscisse per effettuare la sua consegna. Probabilmente avrebbe incontrato qualcuno nella notte. Passai un paio d'ore conversando con un allevatore di capre. Lui in arabo e io in un inglese raffazzonato col risultato di non capire un accidente di quello che diceva. Lui però sembrava interessato. Mi fu più facile troncare il dialogo quando alle 20.00 Ennesimo Quaranta uscì dall'albergo. Indossava il suo tradizionale completo in perfetto ordine, come fosse appena uscito dal lavasecco.

Mi calcai il Panama sugli occhi per non essere riconosciuto. Fuori, tra i vicoli, la calura era insopportabile come un elastico delle mutande troppo stretto.

Ennesimo si avviò a piedi. Attraversammo una certa quantità di stradine strette e buie; di tanto in tanto si sbucava su una strada più grande ma subito veniva abbandonata per imboccare un altro vicoletto. Quaranta dava l'impressione di avere dei numeri.

Camminò per una mezz'ora, poi si fermò davanti a un'insegna che mi risultò familiare: Harry's Bar Night Club.

Venne avvicinato da una donna veramente orrenda che portava a tracolla uno strano aggeggio collegato ad un microfono. Ci fu uno scambio rapido di battute tra i due, ma evidentemente non si capivano perché poco dopo cominciarono a gesticolare.

Ad un certo punto si salutarono con un gesto del capo, la donna si allontanò e Quaranta entrò nel locale.

Purtroppo accadde quello che temevo: la bruttona, mollato il Quaranta, puntò dritto verso di me e non ci fu modo di evitarla. Dovevo liberarmene in fretta, chissà quali pericoli attendevano Ennesimo dentro il locale.

Feci finta di non vederla, ma lei, inesorabile, mi abbordò.

– Hamlam mlah halm mloas crut sc sc hum.

– No grazie, sia gentile, ho una fretta dell'altro mondo.

– Malansciac?

– Straniero, io essere straniero. Non capire un corno.

– Mah mallah sce chiut sce chiut.

– Come glielo devo dire – cominciai a sbracciarmi e a fare larghi segni con le mani – non comprendo la lingua, sono italiano.

– Leh le met italiano?

– Sì italiano.

– Io parlare pochino italiano... io essere giornalista di radio... fare picola intervista a simpatico italiano.

– NON HO TEMPO – dissi scandendo bene le parole e mostrando l'orologio – IO AVERE MOLTA FRETTA.

– Sì, sì, grazzie fare picola intervista a simpatico italiano.

Man mano passava il tempo, aumentava la mia rabbia e notavo particolari sempre più raccapriccianti: i denti giallini, i brufoli putrefatti, gli occhi fuori dalle orbite. Dovevo andarmene, fare in fretta e invece ero bloccato dalla più brutta cronista del pianeta.

Non avevo molte alternative, mi venne voglia di stenderla con un cazzotto ma temevo che mi notassero i due fustoni della sicurezza appostati fuori dal night.

Così presi il coraggio a due mani e scelsi la strada più terribile, ma l'unica praticabile. Feci un sospiro profondo, pensai a Margherita Pot, chiusi gli occhi e le schioccai un bacio interminabile sulla bocca.

Per me fu un vero trauma, ma il risultato fu raggiunto in pieno: la racchia aveva smesso di parlare e fissava nel vuoto incantata. Era rimasta tramortita da un gesto così inaspettato. Penso di essere stato l'unico essere umano ad averla baciata dopo sua madre.

Via libera.

Mi fiondai nell'Harry's Bar ma fui bloccato dai due gorilla che stavano all'ingresso.

– Posso vedere la sua prenotazione? – disse uno dei due.

Non avevo previsto questa eventualità. I due scossero la testa all'unisono. Uno aveva una barba appena disegnata sul mento, la faccia piatta come se avesse ricevuto una badilata da bambino e i capelli all'indietro fissati da un intero magazzino di gelatina. L'altro, quello vestito di nero, aveva il petto così grande che le braccia gli restavano aperte ai lati del tronco, la testa sembrava una palla da bowling. Anche l'espressione tradiva l'intelligenza di una palla da bowling.

Alzai i palmi delle mani facendoli oscillare in avanti un paio di volte per tranquillizzare i due buttafuori, feci un passo indietro, approfittando di quei pochi secondi per ragionare.

Fin da piccolo ho cercato di ragionare con quelli più grossi di me. Non si fa una gran figura al momento, ma se ne guadagna in salute. Una volta tentai di fare a botte con un ragazzone. Lo chiamavano Peppone Macigno e abitava nel palazzo di fronte al mio. Era un gradasso e quel giorno mi aveva rubato il berretto dalla testa per fare il bullo con un paio di ragazze. La ferita nel mio orgoglio fu così dolorosa che mi scagliai con tutte le forze sul suo stomaco; il punto più alto che potessi raggiungere a quell'età. Il risultato fu che mia madre dovette comperarmi un berretto nuovo e una grossa bistecca che tenni per qualche ora sull'occhio sinistro. Da allora ho imparato a ragionare.

Estrassi dalla giacca il portafogli con la massima precauzione in modo che i due si rendessero conto che non avevo intenzioni bellicose. Prelevai il biglietto da visita che avevo ricevuto da Sam Mharrameko e lo mostrai a Palla da Bowling. Non mosse un ciglio, anche perché, come ogni palla da bowling che si rispetti, non aveva un pelo. Allora lo mostrai a faccia di badile il quale dava invece qualche segno di vita.

Fu come se avessi pronunciato la formula magica. I due si aprirono lasciandomi un varco per entrare.

Quando fui a metà strada i bestioni si richiusero per darmi una strizzatina, non gli stavo molto simpatico. Evitare di reagire fu la scelta migliore, oramai ero dentro.

Il locale era semi buio, d'altra parte non potevo aspettarmi niente di diverso entrando in un night, se fossi entrato in un fast food avrei trovato certamente più luce. Lì però c'era anche una cortina di fumo che copriva il soffitto. In un angolo, un pianista newyorkese suonava una musica antica. I tavolini quadrati erano perlopiù occupati da coppie di tu-

HARRY'S BAR
NIGHT CLUB

risti, tra i quali riconobbi anche qualche naufrago. Qualcuno era libero, uno era occupato dal mio uomo che grazie al cielo era incolume.

Presi uno dei tavoli vuoti non distanti e mantenni il cappello in testa per motivi professionali.

Da una porta dietro il bar comparve la figura di un uomo che si confondeva col buio della sala e la nebbia provocata dal fumo delle sigarette. Andò a sedersi al tavolo di Ennesimo Quaranta. Solo allora riconobbi la figura di Sam Mharrameko. I due sembravano il negativo uno dell'altro. Entrambi con la faccia rotonda, un'ampia pelata e una striscia di capelli larga dieci centimetri che percorreva la nuca da orecchio a orecchio. Le grosse rughe sulle guance che si accavallavano l'una all'altra. L'unica differenza, a parte gli occhiali spessi due dita di Ennesimo Quaranta era che Sam era nero come la pece e aveva i pochi capelli bianchi; mi ricordava il pianista di un vecchio film in bianco e nero di cui non ricordavo il titolo. L'altro invece aveva carnagione candida e peluria nera.

Un cameriere servì una bottiglia quadrata e versò il contenuto in due bicchieri. I due si strinsero la mano e bevvero un sorso. Poi una busta gialla piuttosto voluminosa passò dalle tasche di Quaranta alle mani di Sam. Sam la aprì, diede un'occhiata al contenuto, la richiuse e se la infilò a sua volta in tasca.

L'operazione avvenne con grande naturalezza e nell'indifferenza generale del locale.

Il primo plico era stato consegnato. Marcai un punto a mio favore e ordinai un whisky, un po' per festeggiare, un po' per riprendermi dal bacio alla babbiona. Il liquore, probabilmente di pessima qualità, mi provocò un bruciore alla bocca dello stomaco che mi costrinse a chiedere una pasticca di Alka Seltzer. Sam stesso, che nel frattempo aveva abbandonato il suo negativo, mi portò un piattino con un pillolone delle stesse dimensioni del piatto, solo che sul medicinale c'erano delle scritte in arabo. Mi fidai, in fondo mi aveva già salvato la vita una volta.

– Questa è seconda volta in giorno che salvo vita. Non fai diventare abitudine. Io vecchio e stanco!

– È vecchio ma non abbastanza da non divertirsi a prendermi in giro.

– Non sei così pessimista, solo dato ajudo piccolo. Tu fatto buon lavoro.

Il suo italiano non era migliorato dal pomeriggio ma si faceva capire. Ennesimo Quaranta nel frattempo si era alzato e io allungai il collo per controllarne le mosse.

Sam mi tranquillizzò: – Tu buono lì, ragioniere chiesto di usare computer per scrivere moglie.

Mi sembrò inutile chiedere del contenuto della busta, non me lo avrebbe mai detto. L'informazione mi sarebbe stata utile per prevenire altri tentativi di furto; ma è in queste circostanze che si vede lo stile di un buon detective, così evitai la domanda.

– Adesso tu andare via, meglio che lui non vede te qui. Più tardi io fa accompagnare da miei uomini fuori in hotel Narghilè.

Sam ancora una volta aveva ragione, Quaranta sarebbe stato al sicuro con Badile e Palla da Bowling. Finii la mia Alka Seltzer e salutai. Ne avrei approfittato per inviare il mio secondo rapporto.

Al quarto piano dell'hotel Narghilè le cose non erano del tutto tranquille. Un uomo in abiti europei ma certamente arabo nell'aspetto, era seduto davanti all'ascensore. Sospettai subito qualcosa di losco. Un altro dall'aspetto ancora più sospetto era appostato una decina di metri più avanti dove il corridoio svoltava in direzione delle camere 428 e 426, proprio la mia e quella del ragioniere. Cercai di comportarmi con indifferenza per non destare sospetti. L'uomo sull'angolo del corridoio fece un cenno. Gli passai davanti. Un terzo fingeva di allacciarsi le scarpe proprio davanti alla camera 426. Raggiunsi la mia stanza e vi entrai. I tre fuori tentavano certamente di frugare tra i bagagli di Ennesimo Quaranta. Le ventisette valige non erano passate inosservate. Dovevo intervenire presto e risolvere la questione prima che i due gorilla di Sam riportassero il contabile in albergo.

Non potevo affrontare da solo i tre bestioni. Ci voleva un'idea.

Andai in bagno, strappai una tenda dalla finestra, la infilai nella vasca e appiccai il fuoco. In pochi attimi il tessuto sintetico diede una gran fiammata che raggiunse il sistema antincendio. Partì la sirena d'allarme che svegliò gli ospiti dell'intero edificio. Decine di persone si riversarono nei corridoi gridando: – Al fuoco! Al fuoco!

I rubinetti posizionati sul soffitto cominciarono a spruzzare acqua in tutti gli ambienti del quarto piano. Arrivarono le guardie dell'albergo, una pattuglia della polizia in servizio fuori dall'hotel, inservienti e vigili del fuoco. I tre loschi individui vista la situazione se la diedero a gambe levate rinunciando a frugare nelle preziose valige.

Due agenti della sicurezza interna entrarono nella mia stanza scardinando la porta. Si precipitarono in bagno e spensero l'incendio soffocandolo con il copriletto.

– È lei che ha combinato questo macello.

– Sì è colpa mia ma posso spiegarvi tutto.

– Ci può giurare che spiegherà tutto. Spiegherà tutto in direzione.

In un amen mi presero per le braccia, mi sollevarono da terra e mi trasportarono di peso fino all'ufficio del direttore. Qualcosa mi diceva che non avrei riposato benissimo quella notte.

In pochi minuti la sirena smise di suonare e i rubinetti di spruzzare acqua, gli ospiti del quarto piano rientrarono nei propri alloggi e tutto tornò calmo nelle magiche notti di Casablanca.

I due agenti della sicurezza rimasero a sorvegliarmi fino all'arrivo del direttore che quando apparve alla porta aveva un'espressione poco raccomandabile.

– Direttore, finalmente! Posso spiegarle tutto.

I due guardiani mi rimisero a sedere senza tanti complimenti.

– Deve essere una spiegazione convincente, Signore.

– Vede, c'erano tre persone che cercavano di entrare nella stanza di un tipo che io conosco.

– Nella stanza di chi?

– Questo non lo posso dire.

– Sentiamo perché non può dirmelo.

– Neanche questo posso dirglielo.

– Proprio una bella spiegazione... convincente!

La voce del direttore si alterò e la sua faccia divenne paonazza:

– Ne ho piene le scatole di uno come lei. Prima si presenta come uno straccione, poi mi paga con biglietti da venti sporchi da fare schifo. Si rende cónto almeno che mi è costato di più ripulire la reception di quanto non valgano i suoi lerci dollari? Ma lei, non contento di tanta maleducazione, si concede una spesa principesca alla boutique facendo inviare la fattura a chissà chi e per finire si prende il lusso di appiccare un piccolo, banale, normalissimo incendio. Un incendio, nel mio albergo, non ci posso credere... mi vengono ancora i brividi al solo pensiero. Sappia, caro il mio bel turista, che non chiamo la polizia solo perché non voglio avere altre rogne.

– Ma le giuro che c'erano tre...

– Bastaaaa! Fuori di qui, se ne vada e non si faccia più vedere.

– Ma voi non potete...

I due sorveglianti mi sollevarono nuovamente di peso, stavolta uno per le gambe e l'altro per le braccia. In quella posizione mi trascinarono fuori dall'ufficio e attraverso tutto l'ingresso fino all'uscita. Nel momento in cui vidi rientrare Ennesimo Quaranta, sempre fresco come una rosa e ignaro di tutto, cercai di assumere un'aria rispettabile. Fuori aveva rinfrescato, gli energumeni raggiunsero la scalinata esterna, presero un paio di volte la rincorsa, alla terza mi mollarono in aria.

Vidi i dodici gradini di marmo passare sotto di me e vidi da vicino, troppo da vicino, il marciapiede. Mi ricordo persino che sapore aveva quel marciapiede.

– Carogne, disgraziati!!! – urlai verso il palazzo. – Ma non finisce qui: ridatemi almeno la mia valigia.

La mia valigia nuova arrivò puntualissima, direttamente dal quarto piano, lanciata da un solerte inserviente che stava rifacendo la camera, e colpì esattamente la mia testa. L'urto mi stordì. Mi risvegliarono alle 5 del mattino gli addetti alla nettezza urbana, i quali essendo pagati a quintale recuperato, cercarono di fare peso buttandomi nel camion dell'immondizia. Che personcine!

Riuscii ad evitare l'infamia. Controllai la tasca interna della giacca, i quattrini erano al loro posto, presi la valigia e mi recai all'aeroporto. Lì ebbi l'opportunità di fare rapporto, tralasciai gli ultimi fatti che non mi sembrarono tanto importanti da essere comunicati a Margherita Pot. Poi controllai la casella di posta elettronica di Ennesimo Quaranta e lessi il suo secondo messaggio cifrato:

da: ragionier.quaranta@kischinternational.it
a: giuseppina.salutati@inquaranta.it

Cara Pinuccia

se pensi che Casablanca sia un posto pieno di malviventi e tipacci pericolosi ti sbagli di grosso. Anzi, è una città molto esotica e anche molto accogliente.

Poco fa ho visto tre signori distinti e ben vestiti che correvano in via Al Far Habutt poco distante dal mio albergo; pensa la stranezza, stavano facendo jogging vestiti di tutto punto. Persone così ben educate che si vergognano alla sola idea di allenarsi in giro per la città con dei pantaloncini corti e le scarpe da ginnastica. Questi arabi sono più civili di noi, i pregiudizi sul loro conto non sono che maldicenze e luoghi comuni.

L'albergo poi è straordinario.

Questa sera al mio rientro c'era la gente in visibilio per l'ottimo cibo. Persino al quarto piano si sentiva ancora il tradizionale profumo di bruciato della cucina araba. Mi sono rammaricato di aver deciso di cenare fuori.

Un cliente, che evidentemente soffre di claustrofobia e non usa gli ascensori, veniva portato addirittura a mano dagli inservienti.

Non ti dico poi la freschezza che c'è nelle camere. Sembra di sentire il profumo della natura dopo un acquazzone primaverile. Questi Casablanchi hanno dei sistemi di condizionamento veramente all'avanguardia: evidentemente regolano anche l'umidità. Ciò giova molto alla mia salute: sai quanto mi dia noia dormire in un ambiente secco.

Mi spiace persino muovermi da qui ma d'altronde devo recarmi al più presto a Buenos Aires.

Non ti affaticare troppo con il lavoro a maglia; la rete da tennis la compreremo già fatta.

baciotti dolci dolci

sempre + tuo Quaranta

Una volta letto il messaggio del ragioniere mandai un altro messaggio a Ciro Sorensen. Chissà quante altre insidie mi avrebbe riservato la missione. Cominciavo proprio a sentire il bisogno del suo aiuto.

Da: mattcavallo.investigazioni@revolver.it
a: aiutante.ciro.sorensen@revolver.it

Ciao, vecchia volpe,
qui a Casablanca la missione è compiuta anche senza il tuo aiuto, ora ci stiamo muovendo verso Buenos Aires. Raggiungimi là ma muovi le chiappe perché penso che non ci tratterremo molto nemmeno in Argentina.
Oggi ho salvato dall'annegamento una vecchia signora tedesca ed ho fatto fuori tre tipacci arabi che volevano violare gli appartamenti del mio nuovo cliente. A quest'ora si stanno leccando le ferite.
L'albergo è veramente un cesso.
La cucina araba fa schifo.
Perché non rispondi ai miei messaggi? Razza di rincitrullito.

il Capo

cap. 6

La bici del gaucho

Non c'è motivo di avere paura se prendi un aereo a Casablanca. Tutto quello che ti può capitare ti è già accaduto.

Mi sentii perfettamente al sicuro quando comperai il biglietto per Buenos Aires.

– Andata e ritorno? – mi chiesero alla biglietteria.

– No grazie. Sola andata.

Pagai, trascrissi il prezzo sul mio taccuino e mi misi in attesa. Il ragionier Quaranta arrivò ovviamente due ore prima dell'imbarco. Dopo di lui entrò la valigia numero 1, poi la due, la tre, quindi la quattro e la cinque, fino alla ventisette, ordinatamente depositate su ventisette carrelli spinti da ventisette solerti facchini dai quali mi tenni a debita distanza, per evitare una mancia principesca che non potevo più permettermi.

Il check-in del controllo bagagli per l'Argentina sembrava il casello autostradale di Sesto San Giovanni al rientro del ponte di Pasqua. Ventisette valige, tutte uguali, una dietro l'altra in bell'ordine.

Mi accodai all'ultima valigia. I bagagli furono caricati sui nastri rotanti con precisione svizzera, solerzia tedesca e cortesia araba. In pochi minuti la sala fu nuovamente sgombera. Quando fu il mio turno feci controllare il biglietto e dichiarai di voler portare la mia valigetta a mano, cosa che fu presa come mancanza di fiducia nei servizi aeroportuali. Non avevano torto, la mia fiducia in fatto di bagagli era ormai paragonabile a quella di un agnello per il lupo.

L'ultimo adempimento prima dell'aereo era il controllo passaporti. Quaranta passò senza alcuna difficoltà, io fui costretto a infilare la borsa nel metal detector.

La valigetta fece a quell'aggeggio lo stesso effetto che fanno i fagioli a Ciro Sorensen, col vantaggio che la macchina non puzzava. Cominciò a emettere suoni disumani ed assordanti, tanto che tutta la sala d'attesa dell'aeroporto s'era messa a guardare verso di me.

Le persone che mi seguivano in coda mi riservarono sguardi di forte disapprovazione. Nessuno si negò il piacere di fare un commento del tipo:

– Chissà cosa s'è portato in quella valigia.

– Ma guarda che gentaglia c'è al mondo.

– Dicono che si tratti di un famoso delinquente.

– Disgraziato.

– Farabutto.

– Dovrebbero metterli tutti in galera.

– Razza di delinquenti.

– Ma quale galera… ai lavori forzati.

– Adesso chissà quanto tempo ci toccherà aspettare!

– Con quello che ho pagato il biglietto.

– Mi pareva che avesse una faccia da poco di buono.

Il più comprensivo fu un panzone con i bermuda a fiori che suggerì di far passare tutti gli altri passeggeri prima di controllare la mia valigia. L'invito fu istantaneamente accolto dal poliziotto di guardia. Mi fece accomodare da un lato e procedette al controllo dei documenti degli altri 253 passeggeri che ebbero l'occasione di passarmi in rassegna; ognuno di essi riuscì, chi con un'occhiata, chi con una smorfia a farmi sapere quanto schifo provasse per un delinquente della mia risma.

Sopportai, ovviamente. Avevo ben altro per la testa che dar retta a loro. Quando passò il panzone con i bermuda gli augurai un attacco di dissenteria.

Dopo un'ora e venti il poliziotto finalmente si dedicò a perquisirmi:

– Niente da dichiarare? – disse senza muovere il labbro superiore.

– Sì che ho qualcosa da dichiarare: questa notte non ho dormito, tra venti minuti parte il mio aereo, gli hotel di questa città sono pessimi, nelle notti magiche di Casablanca non si vede una stella e nella mia valigia non c'è niente che vi possa interessare.

– Si calmi, si calmi se non vuole passare un guaio più grosso.

– Non c'è guaio al mondo che non mi sia già capitato nelle ultime 48 ore.

– Intanto apra la valigia.

Mi avventai sulla valigia stizzito. Il poliziotto mi bloccò il braccio: – Faccia tutto molto lentamente.

Aprii la valigia ed estrassi la giacca principe di galles e i pantaloni, una cintura in cuoio arrotolata, un paio di mutande che distesi per bene sotto il naso del militare, una canottiera, una camicia ancora imbustata e un paio di calzini marroni.

– Contento? – esclamai. – Come vede a parte le mie mutande non ho niente da nascondere.

– Questo lo vedremo.

– Come... lo vedremo? Tra quindici minuti parte l'aereo e non ho alcuna intenzione di passare un'altra notte disteso sui marciapiedi di Casablanca.

– Cosa ci fa lei disteso sui marciapiedi di Casablanca di notte?

– Niente... è una storia lunga che non posso raccontarle.

Per fortuna non volle approfondire l'argomento e si dedicò a controllare uno ad uno i vestiti.

Io non ho mai comperato una giacca con le spalle imbottite, sia perché non ho mai avuto abbastanza denaro liquido da potermi permettere un vestito, sia perché le spalle imbottite mi rendono goffo. Ma la commessa della boutique Narghilè era di una bellezza mozzafiato e io non seppi opporre alcuna resistenza quando mi propose di comperare quella giacca. La stessa che ora era diventata l'oggetto del desiderio di quel poliziotto.

Avviai una lunga trattativa cercando di convincerlo a limitarsi a palpare l'imbottitura anziché strappare la manica per spiarci dentro. Non ne voleva sapere.

– Prima controlliamo la giacca, poi gli altri vestiti, e alla fine controlliamo anche quelli che ha addosso.

– Perché non mi controlla anche la pressione sanguigna, già che c'è?

– Facendo del sarcasmo non fa che peggiorare la situazione.

Finita la perquisizione della giacca il poliziotto, aspirante sarto, si dedicò agli altri indumenti. Il tempo passava inesorabile e i passeggeri del volo per Buenos Aires stavano già salendo la scaletta mobile. Li vedevo attraverso la vetrata della sala d'attesa. Solo poco più di una decina erano a terra. Tentai l'ultima sortita, presi venti dollari dal portafogli e glieli mostrai:

– Cos'è – disse – un tentativo di corruzione?

Negai senza tanta convinzione. Se solo avessi avuto più tempo sarei riuscito a corromperlo, era solo una questione di prezzo. Il tempo è denaro.

Non mi rimanevano che pochi secondi prima che si chiudessero i portelloni dell'aereo.

Così decisi di forzare la mano: diedi un balzo, scavalcai la ringhiera che mi divideva dalla sala d'attesa, corsi a perdifiato fin sulla pista. Da lì mi voltai verso il poliziotto e gli urlai:

– Te la regalo la valigia e spero che i vestiti vadano stretti da soffocarti. Piedipiatti del cavolo!

Scavalcai al volo un carrello abbandonato sulla pista, scivolai su una macchia d'olio in prossimità della scaletta, gattonai fino a sopra e riuscii ad infilarmi a bordo.

Una hostess bionda mi guardò malissimo dall'alto in basso.

Quella mora si trattenne a stento di ridermi in faccia.

– Alla prossima manche gioco il jolly – dissi alzandomi, senza ottenere il risultato di essere spiritoso.

Le due hostess si guardarono e fecero spallucce.

Tutti i passeggeri naturalmente mi avevano notato e questa, per un detective che deve fare un pedinamento, non è una cosa bella.

Per fortuna avevo sempre il mio Panama calcato in testa e gli occhiali neri.

Ennesimo Quaranta era seduto proprio vicino alla cabina di pilotaggio. Io, a causa del ritardo, presi posto sul sedile 255: l'ultimo prima delle toilette. Girai la faccia al finestrino e mi addormentai.

Durante le sei ore di volo sognai di essere inseguito da un caimano travestito da nonna di Cappuccetto Rosso col quale tentai una conversazione per evitare che mi sbranasse e che suonava più o meno così:

– Ma che unghie lunghe che hai!

– Lo sai che quest'anno vanno di moda.

– Ma quante rughe che hai!

– È per via di un rappresentante di cosmetici che mi ha venduto una confezione di crema avariata.

– Ma che bocca grande che hai!

– Ma no, avrò forse esagerato col rossetto.

– Lo sai che il tuo alito è più fetido di un cassonetto dell'immondizia abbandonato?

– Se non la pianti di fare domande ti spezzo gli arti inferiori.

– Ma che denti lunghi che hai!

– Ma allora oltre che rompiscatole sei anche scemo.

Detto questo il caimano mi sbranò e mi ingoiò in due bocconi.

Poi sognai di essere rapito da un arabo e trasportato a bordo di un cammello nell'harem di un ricchissimo sceicco. Nell'harem c'erano 360 concubine campionesse mondiali di telenovela. Al mio arrivo stavano guardando la millecentoventitreesima puntata di 'Amore disperato non perdona'.

Infine sognai di precipitare in acqua con l'aereo, si salvarono tutti eccetto me perché non riuscii a liberarmi dalla cintura di sicurezza e rimasi imprigionato nell'aereo che si inabissò nelle oscurità dell'oceano. Lì mi innamorai della sirenetta che aveva il volto di Margherita Pot e il corpo di un calamaro. Lei visse felice e contenta per lunghi e lunghi anni. Io passai il resto della vita a smacchiarmi i vestiti.

Dopo il terzo episodio del mio lungo sogno atterrammo felicemente a Buenos Aires. Era il momento di mettersi all'erta. Nuova nazione, nuova malavita, nuovi pericoli per il mio protetto.

Già nell'affollatissimo aeroporto ebbi modo di bloccare un mariolo che avrebbe certamente tentato lo scippo di una delle valige di Quaranta. Si era appostato dietro ad un colonna di marmo, non mi ci volle molto per individuarne le intenzioni. Lo presi alle spalle, lo bloccai, non fece alcuna resistenza. Gli frugai nelle tasche, aveva già un bel bottino: 13 portafogli, 7 braccialetti, 4 catenine d'oro, 2 d'argento e una finta, 5 orologi tra i quali il mio. Me lo ripresi e rilasciai il borsaiolo con una solenne pedata nel sedere. Avevo ben altro cui pensare che denunciare quel ladruncolo.

Ennesimo Quaranta si dirigeva verso una cabina telefonica. Non ci voleva molto per capire che stava chiamando il suo contatto in Argentina. Prima aveva confabulato per pochi secondi con un tassista che aveva cominciato a caricare le valigie.

Ne approfittai per entrare in un negozio di souvenir e comperare un vestito da gaucho completo di bolas e una valigia ventiquattrore. Indossai il vestito e riposi quello vecchio nella valigia. Mi sarebbe stato più facile confondermi tra la folla. La commessa del negozio mi assicurò che il vestito mi donava molto e che anzi mi slanciava. Purtroppo dovetti rinunciare al panama per un cappello nero con una ampia tesa piatta, fissato sotto il mento da un cordino rosso. Senza il quale, mi fu detto, il costume non era completo.

Si deve sapere che i gauchos sono dei personaggi mitologici dei quali pare esista qualche raro esemplare nelle pampas, le pianure argentine.

È praticamente impossibile incontrare un gaucho nella vita vera, sono personaggi che esistono solo sulle cartoline postali e nei teatri di varietà. Una sua imitazione la si ammira nei ristoranti tradizionali per turisti americani disposti a pagare un sovrapprezzo per gustarsi un tango argentino massacrato da un ferroviere disoccupato vestito con mutandoni neri chiusi alla caviglia: una buffonata per babbei sprovveduti.

Avete la stessa probabilità di trovare un gaucho per strada a Buenos Aires di quanta ne avete di incontrare un matador con muleta e banderillas per le vie di Madrid. La stessa probabilità di incontrare l'olandesina con gli zoccoli, la cuffietta e la camicia a fiori per le strade di Amsterdam.

Quindi io ero l'unico gaucho urbano vivente.

Questo lo scoprii però solo più tardi attraversando la città nel modo che sono costretto a descrivere ma del quale mi vergogno ancora a distanza di mesi.

Non mi sentivo così ridicolo da quando in quarta elementare mia madre mi fece indossare gonnellino scozzese a quadretti e cornamusa. D'accordo che era carnevale, ma c'era bisogno di gettare alle ortiche la dignità di un bambino così presto?

Ennesimo Quaranta era ancora alle prese con la sua telefonata. Sulla strada una fila di taxi sembrava disoccupata e rassegnata a un misero guadagno per quella giornata. Su ognuno, al posto di guida, un uomo con la camicia bianca, le maniche rimboccate e la faccia annoiata. Mi avvicinai al primo:

– Libero?

– No, mi dispiace. Vede quel signore che sta telefonando?

– Sì lo vedo.

– Sto aspettando che finisca.

Avrei dovuto immaginarlo. Mi diressi verso il secondo della fila:

– Libero?

– No, mi dispiace. Vede quel signore che sta telefonando?

– Sì lo vedo.

– Sto aspettando che finisca.

Provai miglior fortuna con il terzo.

– Libero?

– No, mi dispiace. Vede quel signore che sta telefonando?

– Sì lo vedo.

– Sto aspettando che finisca.

Con il quarto e il quinto il risultato fu il medesimo.

Il sesto mi diede un briciolo di speranza consigliandomi di rivolgermi al settimo. Anche quello però era stato riservato. L'ottavo mi liquidò con un cenno. Il nono mi consigliò di rivolgermi alla macelleria dietro l'angolo dove avrei trovato un ottimo cavallo. Credo che abbia voluto fare dell'ironia a proposito del mio vestito. Non avevo tempo per ricacciargli in bocca la battuta.

Il decimo taxista non c'era. Il simpaticone era l'ultimo della fila. Ad un tratto la processione di taxi si mosse. Ennesimo Quaranta era salito sul primo e aveva dato ordine di avviarsi. Non potevo rischiare di perderlo proprio adesso.

Tra il pensiero e l'azione passò meno di un istante.

Disarcionai dalla sua bicicletta il garzone di un panettiere che finì col sedere per terra. Senza dargli spiegazioni, prelevai il mezzo e gli lanciai un biglietto da cinquanta dollari come risarcimento. Il ragazzo, evidentemente riconoscente per l'affare, mi rincorse per qualche metro urlando:

– Si è dimenticato questo! – e mi lanciò la catena per legare la bicicletta completa di catenaccio. Il colpo ben assestato mi colpì all'altezza della scapola destra provocandomi un livido più doloroso di un addio.

Più tardi, a freddo, avrei segnato sul mio taccuino, a piè di lista, le spese per il vestito, la valigetta ventiquattrore, la bicicletta da panettiere e due tubetti di gel antidolorifico.

cap. 7

2000 dollari più giacca e pantaloni

A quell'ora del mattino, nella zona tra Avenida Eduardo Madeiro e Avenida Cordoba c'è più traffico che nei corridoi di un liceo all'ora di ricreazione.

La processione dei taxi che trasportava le valige di Ennesimo Quaranta procedeva a passo d'uomo. Non mi fu difficile tenergli dietro. I taxi fecero un giro sette volte più lungo del percorso più rapido. Calcolai una dozzina di chilometri in più. Lungo il tragitto le persone che stavano sui marciapiedi vedendomi passare mi indicavano col dito, qualcuno applaudiva, molti lanciavano grida di stupore. Non doveva essere una cosa molto comune un gaucho in bicicletta in giro per Buenos Aires.

Un tale mi inseguiva a piedi.

Non avevo ancora messo i piedi sul suolo Argentino che già cominciavano i guai. Tra due ali di folla osannanti i nove taxi, io e il mio inseguitore raggiungemmo l'Embassy Apart Hotel, un albergo a cinque stelle da 450 dollari a notte.

Si trattava bene il vecchio Quaranta; o meglio, non badava a spese la bella Margherita Pot.

Mi fermai dall'altro lato della strada. Quaranta entrò senza curarsi delle valige. Subito si precipitò fuori l'uomo di fatica dell'albergo. Aveva più di settant'anni, non più alto di un metro e cinquanta e indossava una livrea pesante come un'armatura. Completava l'abbigliamento una enorme tuba verde. Cominciò a traslocare le valige con la velocità che gli consentivano le sue forze. Ci vollero più di due ore per completare l'operazione. Due ore nelle quali cercai di non perdere di vista le valige.

Nel frattempo entrarono nell'hotel 3 pullman di turisti giapponesi, la selezione argentina di pallavolo femminile e qualche altro cliente sparso. L'uomo a piedi si teneva a debita distanza.

Poi si avvicinò e mi sbarrò la strada prima che potessi entrare. Era alto circa un metro e novanta e largo come l'ingresso della metropolitana.

– Venga con me nel vicolo qui accanto – mi bisbigliò.

Lo seguii, non valeva la pena creare maggior confusione. Appena girato l'angolo gli sferrai un potentissimo calcio negli stinchi e un cazzotto in pieno mento.

Quando si rialzò, era diventato più mansueto.

– Ma cosa fa? – disse visibilmente confuso.

– "Ma cosa fa" lo dico io visto che mi sta seguendo dall'aeroporto.

– È vero, è stata una faticaccia. L'aeroporto dista solo tre chilometri e lei ha fatto un percorso di almeno quindici.

– Non mi ha ancora detto cosa vuole.

– Sono il proprietario del negozio di souvenir dove ha comprato il vestito da gaucho.

– Ebbene?

– La commessa glielo ha venduto per errore. Era in vetrina solo per esposizione, in realtà appartiene al mio bisavolo Arturo Amaranto, il più famoso gaucho dell'epoca. È un ricordo di famiglia e lo devo riportare immediatamente al negozio prima che mio padre se ne accorga. Sono disposto a darle 150 dollari.

– Tutto qui? Non c'è problema – dissi. – Adesso prendo una camera, mi cambio e glielo riporto.

– No non c'è tempo, me lo deve restituire immediatamente.

– Qui nel vicolo?

– Sì, l'ho trascinata qui apposta.

– E lei crede che io sia disposto a spogliarmi per strada per centocinquanta dollari? – Con le spese che avevo sostenuto fino a quel momento avrei fatto anche alcuni passi di flamenco per centocinquanta dollari...

– Capisco il suo punto di vista. Nei suoi panni anch'io sarei imbarazzato. Facciamo duecento.

– Non ci siamo capiti! Dovrei cambiarmi d'abito in mezzo alla strada, col rischio di essere arrestato?

– Come. Lei ha con sé un ricambio?

– Non proprio qui, ce l'ho sulla bicicletta.

– Allora comincio a credere che serviranno almeno cinquecento dollari.

– Perché?

– Perché ho visto un ragazzotto vestito da fornaio che se ne andava con la sua bicicletta con la valigia dentro il cesto del pane.

– E non l'ha fermato.

– Se un gaucho e un fornaio rivendicassero entrambi la proprietà di una bicicletta sarei più orientato a credere al fornaio.

Questo mi sembrò un argomento valido. Restava però il problema del vestito.

– Come faccio a darle il vestito, non ho nient'altro da mettermi; non pretenderà che resti nudo in mezzo alla strada.

– Ai settecento dollari le darei in aggiunta la mia giacca.

– A parte il fatto che non mi piace il taglio, ma le sembra credibile che un professionista entri in un albergo in mutande e giacca?

– Senta: io la capisco, ma il tempo stringe. Le offro 1500 dollari e la mia giacca per il costume da gaucho.

– Non credo che potrei…

– Facciamo 2000, più cento per la bicicletta, la giacca e i pantaloni.

– È la sua ultima offerta?

– Si!

– D'accordo. Affare fatto.

Ci scambiammo gli abiti e mi consegnò il denaro in mano, quindi, prima di andarmene gli dissi:

– Niente male per un vestito che ho pagato 200 dollari.

Lui da lontano si girò e rispose: – Se avesse insistito sarei arrivato fino a tremila.

Così, con un vestito a quadri quattro taglie più grande, senza scarpe né canottiera ma con 1800 dollari in più, feci il mio ingresso trionfale all'Embassy Apart Hotel.

Il maître mi guardò di sguincio e prima che mi avvicinassi mi aveva già pregato di andarmene:

– Qui non si accettano mendicanti.

Se non fosse stato per la missione da compiere lo avrei appeso per le narici al lampadario e lo avrei lasciato lì con un palmo di naso.

– Voglio una camera – dissi senza tanti convenevoli.

– L'albergo è tutto esaurito, ci dispiace – fu la risposta.

– Dite sempre così – tirai fuori i duemila dollari e li appoggiai sul bancone. – Voglio una camera e la voglio subito.

L'impiegato era visibilmente imbarazzato: – Mi dispiace signore, ma è tutto effettivamente esaurito. Proprio pochi minuti fa sono arrivati tre pullman di turisti giapponesi e la nazionale argentina di pallavolo. Non ci è rimasto libero neppure uno sgabuzzino.

Quello che seguì lo avevo visto fare da un detective in un film, non c'era motivo che non funzionasse anche questa volta.

Presi duecento dollari e li infilai nel taschino dell'impiegato: – Lei crede che adesso si possa trovare uno straccio di camera?

– Be', se la mette così. Farò il possibile.

– Visto che la metto così deve fare qualcosa di più del possibile.

La camera si trovò, era quella di Cornelia, una inserviente giamaicana di 120 chili alla quale dovetti allungare altri 50$ per dormire nel suo letto matrimoniale, uno dalla testa e l'altro dai piedi. Non nego però che quella fu una delle notti in cui dormii meglio.

Cornelia fu anche tanto gentile da acquistare per conto mio il quarto vestito completo di accessori e valigetta.

Raccomandai che fossero vestiti eleganti. Ci vollero 650$ più venti di mancia. Annotai tutto a piè di lista sul mio taccuino.

Ennesimo Quaranta intanto era sceso nella hall con gli stessi vestiti di quando era partito ma tutti perfettamente in ordine. Un ordine spiegabile solo con l'assoluta mancanza di imprevisti durante il viaggio, almeno fino ad allora. E questo grazie ai provvidenziali e discreti servigi del sottoscritto. Ne approfittai per dare un'occhiata alle valige.

Penetrai nel suo appartamento dal balcone senza che nessuno si accorgesse di niente a parte la signora addetta al piano, un sorvegliante, il giardiniere, l'allenatore della squadra di pallavolo e il suo vice. A ognuno dovetti elargire 50$ perché stessero zitti. Poi uscii dalla porta d'ingresso facendola richiudere al portiere di notte che, nel frattempo, era stato avvertito dal giardiniere. In tutto 300$ per constatare con soddisfazione che le valige erano tutte al sicuro.

Non mi restava che riprendere il pedinamento di Quaranta. Dentro l'albergo non correva alcun rischio; ma là fuori la vita era dura e ormai non c'era delinquente di qualsiasi metropoli che non fosse interessato a dare un'occhiata alla tasca interna della giacca del contabile della Kisch International di Milano.

Purtroppo per loro questo lo sapevo anch'io. Ed ero all'erta.

Ennesimo uscì dall'Embassy Apart Hotel alle diciannove, minuto più minuto meno.

Anch'io uscii dall'Hotel alle diciannove minuto più minuto meno. Siccome però non avevo calcolato che l'idea di eleganza per una giamaicana poteva essere diversa da quella di un detective italiano, mi ritrovai per strada abbigliato in questo modo: camicia maniche corte a fiori che mi arrivava a mezza coscia, un paio di pantaloni giallo canarino a zampa di elefante, scarpe bianche a punta sottile e tacco alto, una collana di legno intagliato al collo dalla quale pendeva una conchiglia di due etti, e per finire un berretto di lana fatto a uncinetto con i colori della bandiera della Repubblica Giamaicana di una misura tale che sarebbe servito agevolmente per fare la spesa al mercato della frutta del venerdì.

Per strada Ennesimo Quaranta fu fermato dal ragazzo al quale avevo chiesto in prestito la bicicletta e che poi se l'era ripresa. Mi acquattai dietro un oleandro in modo da non essere visto ma da poter sentire la conversazione:

– Permette Signore?

– Dica.

– Lei è alloggiato all'Embassy?

– Sì, ma sono arrivato solo oggi.

– Ha mica visto per caso un uomo vestito da gaucho entrare lì dentro?

– No, non mi pare, però ho visto un imbecille vestito così stamattina che seguiva il mio taxi in bicicletta.

– E uno con dei vestiti tre o quattro misure più grandi?

– No, mi dispiace, nemmeno quello. Ma lei frequenta delle persone davvero strane. Si lasci dare un consiglio: lasci perdere quella gente, prima o poi la condurranno su una cattiva strada.

– Lo farò. Mi scusi – promise il ragazzo, poi si allontanò e mi passò vicino senza riconoscermi.

L'imbecille vestito da gaucho ero io e anche quello con vestiti di quattro misure più grandi.

C'era di che offendersi, ma non era il caso di farsi prendere dalle emozioni. Quel colloquio voleva dire due cose: primo avevano notato la mia presenza a Buenos Aires e mi cercavano, secondo Ennesimo Quaranta correva dei seri pericoli in quella città.

Dovevo stare attento, controllai la mia pistola nella cintola, questo gesto mi servì a ricordarmi che non uso mai la pistola. Avevo ordinato a Ciro Sorensen di raggiungermi, ma quel codardo non si era fatto vedere.

cap. 8

Cornelia

– PSSSS

– PSSSST, PSSST, parlo con lei.

Mi girai ma c'era solo un omino mingherlino che non mi guardava.

– Sì, sì, parlo proprio con lei.

Era l'omino mingherlino che mi rivolgeva la parola senza guardare verso di me.

– Lei è straniero vero?… Non mi guardi per l'amor del cielo, non mi guardi e faccia finta di niente…

Non lo guardai e feci finta di niente, così tenevo d'occhio Quaranta.

Mi trovavo davanti al Palazzo del Congresso. Da lì potevo controllare tutto il grande giardino al centro della città.

– Le ho chiesto se è straniero – insistette l'omino magro.

– A lei cosa importa? – risposi sempre tenendo d'occhio il ragioniere che di tanto in tanto si aggiustava l'impeccabile giubbetto di terital e risistemava gli occhiali sul naso.

– Si sente dall'accento che è straniero, italiano suppongo.

Io non risposi, non avevo nessuna intenzione di perdere di vista il ragioniere e francamente l'intuito mi diceva che il mingherlino era innocuo.

Quaranta si sedette su una panchina del parco, forse per attendere l'orario dell'appuntamento. Lo seguii e mi sedetti su quella vicina.

L'omino seguì tutti e due e stava in piedi accanto a me ma sempre fingendo di non notarmi. Era di carnagione chiara, aveva gli occhi fuori dalle orbite e tradiva un certo nervosismo. Ogni tanto si grattava i capelli lunghi e radi come per un tic. Ad un tratto riprese il suo monologo frapponendo lunghe pause da suoni e da scatti nervosi: – Voglio avvertirla… voglio essere franco con lei… hiiic hiiic trrr… Buenos Aires è una città pericolosa…. Qui siamo tutti sorvegliati. Qui i muri hanno occhi e orecchi, il pericolo è dietro l'angolo.

– Grazie dell'avvertimento. Ora mi lasci in pace.

– Sono pericolosi, sono armati e hanno appoggi nelle sfere alte… hiiiic trrrrr… ci spiano, ci controllano e ci vogliono morti – si grattò il sedere e si aggiustò gli occhiali.

Io non aggiunsi nulla eppure lui continuò:

– Sono quelli del BOIA!

– Chi?

– Il BOIA. La Benefica Organizzazione Internazionale Assassini.

– Vacca Boia, non male come organizzazione benefica – pensai che il mingherlino fosse un povero pazzo e che non aveva niente a che vedere con la missione di Quaranta.

Finalmente il ragioniere si alzò.

Come io mi mossi per seguirlo, il nevrotico si dileguò nell'ombra continuando a ripetere "io l'ho avvertita, l'ho avvertita".

Fu in quell'istante che quattro energumeni mi si pararono davanti. Quello che indossava un giubbotto da aviatore sembrava il capo, un altro aveva addosso solo una canottiera traforata e un'intera pinacoteca di tatuaggi. Quello all'estrema destra aveva lunghi capelli lerci e trascinava una grossa catena. Il quarto lo vedevo appena, ma dai grugniti che sentivo doveva essere un parente anziano dei tre porcellini.

– Ciao bello. Stai seduto e non ti succederà niente – disse calmo quello troppo grasso e col giubbotto da aviatore.

Cercai di mantenere la calma. Quei tizi non erano lì per chiedermi un fiammifero. Avrei potuto alzarmi e prenderli a sberle e se non avessi sospettato che dietro la panchina ci fosse il resto della banda l'avrei fatto.

In quel momento pensai a Ciro Sorensen, in due avremmo ripulito Buenos Aires dalla gentaglia. Ma Ciro chissà dove diavolo era. Io di sicuro avevo di fronte quattro bestioni che messi insieme non facevano un cervello. A scanso di equivoci decisi che era meglio obbedire e stare a sentire quel che volevano da me.

– Sappiamo chi sei, è un po' che ti seguiamo. Dacci il plico che hai in tasca e non ti succederà niente.

– Io invece non ho il piacere di conoscervi e poi

non ho nessun plico, né in tasca né nelle mutande né in nessun altro posto – replicai deciso.

L'aviatore grasso fece un passo avanti minaccioso:

– Tagliamo corto, mammoletta, e arriviamo al sodo – mi infilò un dito nella clavicola e aggiunse – Tu sei Ennesimo Quaranta. Buono il trucco delle ventisette valige ma noi sappiamo che quello che interessa molto a un nostro conoscente ce l'hai addosso. Quindi tiralo fuori se non vuoi che ce lo prendiamo da soli.

– Non ho addosso niente che ti possa interessare eccetto l'indirizzo di un buon dietologo.

Anche gli altri tre fecero un passo avanti.

Il parente dei tre porcellini aprì bocca ma non capii quello che disse, sentii invece una zaffata d'alito puzzolente che mi colpì dritto alle narici.

– Va bene cedo, questa puzza è davvero insopportabile. Non pensavo passaste alle armi chimiche.

– Questo vomito di coniglio fa lo spiritoso.

– Spacchiamogli la faccia.

– Frugatelo e tirategli fuori tutto quello che ha in tasca.

– Vi avverto: se provate a toccarmi, stasera mi faccio un'insalata di deficienti – provai a intimorirli senza molto successo.

I due coi tatuaggi erano così furiosi da cacciare fumo dalle orecchie. Quello con la catena cominciò a farla roteare.

– Fatevi avanti uno a uno se avete il coraggio.

Questa è una delle frasi più inutili che si possano

pronunciare in questi casi. Serve solo a prendere tempo. Se in quattro vi minacciano è evidente che non vi aggrediranno uno ad uno. Sarebbe una cosa molto stupida. I quattro figlioletti di Rambo non avevano nessuna intenzione di affrontarmi uno per volta.

Il termine 'frugatelo' fu l'unica cosa elegante di quella situazione. Per il resto furono calci, spinte, pugni alla bocca dello stomaco, più su dello stomaco e un paio di volte anche più giù. Qualcuno cercò di mordermi un orecchio e un altro di infilarmi indice e medio nelle narici, forse per evitarmi il supplizio di annusare l'alito di quello dei grugniti.

Con un pugno colpii dritto al mento uno di quelli tatuati, ciò provocò una slogatura: al mio polso destro, non alla sua mandibola.

Prima di svenire più per la puzza che per i colpi, riuscii a far sapere al capo che non sarebbe finita lì e che gli avrei mandato il conto della lavanderia.

Mi frugarono e ovviamente non trovarono nulla, a parte il taccuino del quale non sapevano che farsene, e pochi dollari che avevo portato con me. I documenti non li considerarono nemmeno dal momento che secondo loro dovevano essere falsi.

Mi lasciarono tramortito sotto la panchina e se ne andarono. L'aria era fresca, perdevo un po' di sangue da un gomito, da un occhio non ci vedevo a causa del gonfiore e lo stomaco sembrava fosse stato frullato con un bicchiere, vetro compreso, di aceto, acido muriatico e trielina. Avevo ancora il mio cappello.

Ricomparve dal nulla il magrino dei tic:

– Sono io... sono 'El conejo'... hiiiic tr tr trrrrrr... cribbio come l'hanno ridotta... ... lo dicevo io, l'avevo avvertita... sono ovunque, ci spiano, ci spiano.

Io non avevo nemmeno la forza di chiedere aiuto e lui continuava a sproloquiare senza far niente per tirarmi su.

– Le è andata bene, le è andata. Non erano loro, questi non erano quelli del BOIA... hiiiiic tr trrrr se no a quest'ora non sarebbe vivo... hiiicc.

Sul fatto di essere ancora vivo avevo qualche dubbio.

Se ne andò da dov'era venuto inveendo contro la benefica organizzazione degli assassini. Conclusi che era proprio andato di mente.

Mentre gattonavo nel tentativo di rialzarmi arrivò anche Quaranta.

– Signore cosa le è successo? Ha bisogno di aiuto?

"Un altro genio" pensai, certo che avevo bisogno di aiuto. Vedi uno insanguinato, con la faccia pesta, lo stomaco in pappa, tutte le ossa rotte e gli chiedi se ha bisogno d'aiuto?

"È evidente che ho bisogno d'aiuto, non stare a guardarti in giro, imbranato. Piuttosto chiama l'ambulanza." Questo avrei dovuto dirgli, ma non potevo farmi riconoscere, per fortuna avevo la testa sotto la panchina così biascicai una risposta in spagnolo:

– Niente che le deve interessare, sono fatti miei, se ne vada.

Mi calcai il cappello in testa, mi rialzai voltandogli le spalle e mi allontanai.

Cercai di risistemarmi, mi risciacquai la faccia e ripresi imperterrito l'inseguimento. Quaranta percorse un paio di strade laterali, poi si infilò in un vicolo a metà del quale ancora si vedeva la luce di una insegna accesa. Alle undici della notte? Quello era certamente il suo secondo appuntamento. La scritta luminosa parlava chiaro: Oliva Mascarello Specialità Italiane.

Lo vidi entrare. Raggiunsi la vetrina e mi appostai in modo da poter vedere la scena senza essere notato. C'era un lungo bancone ormai nero d'unto, dietro un armadio coi ripiani aperti che arrivava fino al soffitto sui quali erano accatastati tutti i prodotti in vendita. Anche sul davanti c'erano sacchi di non so cosa e dal soffitto pendevano prosciutti, salami e altri cibi che non mi preoccupai di riconoscere. In tutto il locale non era più grande di cinquanta metri quadri. Nel mezzo della parete di fondo si apriva un passaggio dal quale spuntò la faccia di una vecchia che aveva più rughe di un lenzuolo stropicciato e più anni del calendario.

Quaranta si fece preparare un panino con la mortadella e prese una bottiglia di gassosa. Pagò con una grossa busta identica a quella che avevo visto a Casablanca e rimase lì a mangiarsi il panino conversando tranquillo con la vecchia che ogni tanto elargiva qualche complimento tipo:

– Bravo ragazzo, mi avevano parlato bene di te e avevano proprio ragione.

– Bel lavoro, lo sapevo che Margherita avrebbe sfondato.

– Mangia, mangia con calma che te lo sei meritato.

Non potei assistere a tutta la scena perché un piccolo imprevisto mi distolse l'attenzione.

Un uomo e una donna a braccetto, entrambi con impermeabile e cappello.

Il vicolo era deserto come il mio portafogli prima di incontrare Margherita Pot. L'uomo mi chiese l'ora, io gli mostrai il polso per fargliela leggere direttamente. Lui me lo afferrò mentre la donna mi appoggiava alla schiena qualcosa di sottile ma non abbastanza da non farmi riconoscere una Smith & Wesson, la pistola degli sceriffi del West:

– Seguici senza fare storie.

Li seguii senza fare storie.

– Ennesimo Quaranta – disse l'uomo – tu stasera devi consegnare qualcosa a qualcuno. C'è qualcun altro che vuole questo qualcosa. Consegnacelo se non vuoi che ti succeda qualcosa di spiacevole.

– Può ripetere? Mi è sfuggito qualcosa!

– Non fare lo spiritoso e sbrigati a darci quello che sai.

– Non sono Ennesimo Quaranta, non lo conosco nemmeno, l'ho già spiegato ai vostri amici puzzolenti mezz'ora fa.

– Quali amici? Noi non abbiamo amici.

– Come! Quegli altri che mi hanno menato poco fa non sono vostri compari? Strano, vi assomigliate parecchio.

– Non ne sappiamo niente, stai zitto e dacci quello che vogliamo.

– Non so cosa volete…

Non riuscii a finire la frase che la donna mi colpì col calcio della pistola. Mi afflosciai a terra, l'uomo mi rifilò una ginocchiata in pancia. Forse voleva essere sicuro che il frullato fosse riuscito bene. Pensai che quella volta non era il caso di ragionare. Reagii liberandomi della presa della donna, ma ero ancora debole per le botte precedenti e inoltre non vedevo da un occhio. Non so cosa mi abbiano fatto esattamente ma, a giudicare dal dolore, non si trattò di un massaggio rilassante. Mi infilarono le mani dappertutto alla ricerca di quel qualcosa. Ma ovviamente non trovarono nulla, a parte il mio taccuino e i documenti.

Stufi di cercare inutilmente, i due se ne andarono.

Dal buio comparve di nuovo 'El conejo'.

– haaaa maledetti. Guarda qui come l'hanno pestato… Maledetti disgraziati… hiiiic hiiiiic trrrrrr… … ma lo so io, lo so io chi sono – si agitava più del solito ma parlava sempre bisbigliando.

– Questi sono quelli del PESA.

Ero troppo preso a respirare ancora per potergli dare retta.

– Pestatori a Sangue… hiiiic trrrrr… … Il loro motto è "Ti Pestiamo Ma Ti Lasciamo Ancora Vivo Finché Non Arriva il BOIA".

Avrei dovuto spiegargli che equivocava, che il pestaggio era dovuto a un'altra storia, ma ero troppo intento a non crepare sull'asfalto. Mi stava pure simpatico il ragazzo, ma avrei preferito che mi desse una mano. Invece continuava a inveire e a mettermi in guardia su chissà quali pericoli che ormai si erano già più che avverati.

– Stia attento anche lei – mi disse un'altra volta prima di andarsene – questa città sembra tranquilla hiiiic trrrrr... ma sotto sotttrrrrr è pericolosa.

– Ha fatto bene ad avvertirmi – riuscii a rispondergli.

In quel momento si sentì il rumore della saracinesca del Negozio di Olinda Mascarello. Era ora di chiusura. Dal negozio uscì Ennesimo Quaranta che mi trovò riverso a terra tramortito.

– Signore – disse gentilmente – ha bisogno d'aiuto?

– Sì – risposi – ho proprio bisogno d'aiuto. Mi accompagni a una fontana.

– Ma guarda che nottata, non più tardi di mezz'ora fa ho incontrato un altro uomo disteso a terra vittima di un pestaggio. Pensi che cafone, mi ha trattato male perché volevo aiutarlo. Adesso lei. Buenos Aires è proprio una città pericolosa di notte.

– Lei trova?

– Direi di sì – disse non capendo l'ironia. – Accidenti l'hanno conciata proprio male. Ha la faccia gonfia come un melone, neanche i suoi figli la riconoscerebbero.

Visto che ero in incognito questa era una buona notizia.

Non potevo guardarmi allo specchio ma il mio

aspetto non doveva essere niente di piacevole da vedere. Per fortuna, pensai, Ennesimo Quaranta non potrà riconoscermi una volta calato il gonfiore.

Mi feci accompagnare a un indirizzo non distante dall'Embassy Apart Hotel, non volevo che sapesse che anch'io alloggiavo lì. Mi salutò con queste parole: – Buona notte e mi raccomando sia più cauto quando va in giro la notte.

Fuori dall'Embassy Cornelia, l'inserviente giamaicana, stava terminando le pulizie. Mi feci riconoscere e accompagnare nella nostra camera. La donna mi procurò un paio di grosse bistecche da appoggiare agli occhi in modo da far calare il gonfiore e un paio di scatole di aspirina per i dolori in tutto il resto del corpo. Mi ripulì le ferite e mi fece dormire accoccolato al suo pancione ciclopico senza fare un domanda sul perché o sul percome.

Solo mi disse: – Ehi piccolo, stai attento a dove vai, Buenos Aires è una città pericolosa di notte.

– Questa devo averla già sentita – dissi, e le diedi 50 dollari come ricompensa per le sue cure.

La notte fu agitata dai miei soliti incubi.

Sognai di essere nel ventre della balena e di incontrare papà Geppetto che voleva fare di me un burattino ma, siccome gli mancavano i bulloni per farmi le ginocchia e i gomiti, rimandò all'indomani. Così dovetti passare la notte a giocare a briscola contro il gatto e la volpe che baravano sistematicamente.

Poi la balena venne tamponata da uno schiacciasassi e fu costretta a sputarci tutti e quattro. Cademmo a riva dove fummo inseguiti dall'orco di Pollicino che, dal momento che ci eravamo separati, decise di seguire solo me e lasciar perdere gli altri. Quando mi afferrò voleva sgozzarmi con un coltello da pic-nic. Riuscii a convincerlo a risparmiarmi promettendogli 50$ e una percentuale sull'incasso della missione. Dopo di che mi svegliai.

Cornelia era anche più grossa di quanto mi era sembrata il giorno prima. Mi fece entrare negli uffici direzionali dell'albergo da dove inviai il mio rapporto e lessi la posta Ketchup. Cornelia era davvero adorabile e molto più utile di Sorensen; così decisi di mandarlo al diavolo e ingaggiare Cornelia la quale si illudeva che io potessi darle mance di quel tipo ogni giorno. Fatto sta che accettò, andò dal direttore

dell'hotel, gli diede un pugno in testa e si fece licenziare in tronco. Portava pantaloni di pelle nera attillati, una camicia a righe e ciabatte infradito, Cornelia.

da: ragionier.quaranta@kischinternational.it
a: giuseppina.salutati@inquaranta.it

Pinuccia cara,

a differenza di Casablanca, Buenos Aires è una città pericolosa di notte.

Stai tranquilla, non che sia capitato niente di spiacevole al tuo tesoruccio, solo mi sono imbattuto in due signori con la faccia pesta e le ossa rotte. Ho cercato di aiutarli, eppure l'uno mi ha trattato male, l'altro invece ha accettato il mio aiuto di buon grado. È proprio vero che la natura umana si rivela sempre sia nella buona che nella cattiva sorte. Se un uomo è maleducato, resta maleducato anche nella disgrazia, se un uomo è gentiluomo affronterà con eleganza anche le situazioni difficili.

Quanto a me tutto bene. Ho avuto persino il tempo di acquistare dei souvenir per gli amici. Vedrai che graziose le statuette raffiguranti dei gauchos argentini. Ce n'è persino uno in bicicletta. Che buffo!

Per fortuna le pillole che mi hai preparato per regolare l'intestino non mi sono servite. Vado a gabinetto con più regolarità che non a casa nostra, pensa che fortuna.

Avrai di nuovo mie notizie quando sarò a New York.

Non stare in pensiero per me.

Trentanove baci e uno Quaranta.

Da: mattcavallo.investigazioni@revolver.it
a: aiutante.ciro.sorensen@revolver.it

Grandissimo lavativo, si può sapere dove vaccabestia sei?

Non ti sei fatto vivo neanche a Buenos Aires; e dire che mi saresti stato utile eccome, razza di rammollito.

Dopo la giornata di oggi la città è un po' più al sicuro. Metà dei poco di buono in circolazione sono passati per le nocche della mia mano e le farmacie della città hanno esaurito le creme antidolorifiche.

Vuoi capirla o no che si tratta di una missione pericolosa e non posso fare tutto da solo.

Più passano le ore più si avvicina il momento del tuo licenziamento.

Ora siamo diretti a New York.

Quando sarò lì ti contatterò io.

Ti conviene farti trovare pronto.

Già che ci sei fai un salto in farmacia e prendimi qualcosa contro la diarrea. Qui l'alimentazione è uno schifo. Io devo seguire il mio uomo e non ho tempo di fare compere.

il Capo
tuo capo non per molto ancora

cap. 9

Formaggio e Aguardiente

La giornata non cominciava bene.

Non partiva alcun volo per New York quel mattino dall'Aeroporto di Buenos Aires. Forse fu per quello che Ennesimo Quaranta si recò di buon mattino alla stazione ferroviaria.

Arrivò puntualissimo come al solito. Gli stessi vestiti dei giorni precedenti ma perfettamente stirati e puliti. Solo notai, mescolato al profumo di acqua di colonia del supermercato, un vago odore di prosciutto affumicato.

Mi passò davanti senza riconoscermi. Cornelia aveva fatto un buon lavoro e a parte qualche piccola escoriazione non c'erano quasi più tracce delle botte della notte. I pochi segni delle colluttazioni li nascondevo con un grosso paio di occhiali, un foulard al collo, il cappello e l'abitudine alla sofferenza di un duro autentico.

Chiesi a un ferroviere quale fosse il vagone letto che andava fino a New York. Mi indicò il treno e disse: – Li vede quei vagoni?

– Sì.

– Su uno di quelli c'è scritto New York.

– Ah.
– Ebbene, lei stenterà a crederci ma è proprio quello.
– Senta bellimbusto, non usi quel tono da presa in giro con me.
– Perché altrimenti?
– Perché altrimenti le faccio passare un brutto quarto d'ora.
– Ah sì? Sto tremando di paura.
– Vuole forse ridursi a bere minestrina per il resto dei suoi giorni?
– Mi piace la minestra.
– Smetta di fare lo strafottente e mi chiami il capotreno.
– Sono io il capotreno.
So perfettamente riconoscere quando è il momento di farsi da parte, e quello, dannazione, era proprio uno di quelli.
– Se la mette così non ho nulla da obiettare. Anzi le dirò che lei mi è particolarmente simpatico e trovo la sua ironia piuttosto raffinata. Non ha mai pensato di fare dello spettacolo?
Se ne andò senza aggiungere altro e io mi diressi al vagone con la scritta New York.
C'erano due suore girate di spalle che parlottavano. Ennesimo Quaranta caricava le sue valige. Un facchino le prendeva dai carrelli e con un gesto rapido e sicuro di entrambe le braccia le gettava dentro il portello del vagone. Non si sentiva alcun rumore provenire dall'interno. Certamente qualcun al-

tro, sul treno, le afferrava con altrettanta maestria e le depositava dolcemente a terra. Le vedevo una a una passare lungo il corridoio e occupare via via l'ultimo scompartimento libero. Quando i lanci terminarono, Ennesimo Quaranta aveva occupato tre scompartimenti per i bagagli e un quarto per sé. Porsi anch'io la valigia al facchino che la lanciò come aveva fatto con le altre ventisette. Il lancio fu esemplare, infilò perfettamente il centro del portello, solo che uscì dall'altro lato atterrando sul carrello portabagagli del treno per la Terra del Fuoco.

Provai a rincorrerla ma fui bloccato dal facchino che pretendeva la mancia prevista per il servizio. Il tizio era mingherlino e abbastanza su con l'età, ma riuscì a trattenermi per un braccio.

– Fanno cinque dollari, signore.

– Cinque dollari? Ma lei è pazzo.

– Cinque dollari altrimenti non sale sul treno.

– Non le darò una lira. Lei mi ha gettato la valigia fuori dall'altro lato e adesso mi toccherà recuperarla.

– Il lancio era perfetto, se la prenda col facchino che è sul treno. È lui che ha sbagliato la ricezione.

– Lei guarda troppo football alla TV.

– E lei invece è un povero pidocchioso che non paga la gente onesta che lavora.

– Maleducato!

– Disonesto!

– Cafone!

– Gringo merdoso!

In quel mentre il capotreno mi fischiò nell'orecchio

l'avviso che il convoglio stava per partire:

– Si sbrighi a salire altrimenti dovrà aspettare la settimana prossima.

Quell'eventualità mi terrorizzò più di un invito a pranzo di Ciro Sorensen, inoltre non avevo nessuna intenzione di innervosire ancora il capotreno. Al facchino smilzo, però, non la perdonai.

– Ma guardi che fatica deve fare quella ricca signora con le sue valige… ci vorrebbe un facchino – dissi guardando dall'altro lato della stazione.

Lo smilzo abboccò e si girò dall'altra parte dandomi le spalle. Lo colpii alla nuca con la cornetta del telefono di servizio e lo vidi stramazzare al suolo.

Balzai sul treno e prima di chiudere il portellone gli urlai:

– Se avrò ancora bisogno di un facchino le darò un altro colpo di telefono.

Il treno si mosse e in quel momento comparve 'El conejo'. Si sbracciava e saltava per richiamare la mia attenzione. Io mi affacciai al finestrino, più per istinto che per altro. Oramai lo consideravo un pazzo schizzato.

– Si ricordi, stia attento… hiiiccc trrrr tr… lololo loro sono in tutto il mondo, non si fidi. Non si fidi di nessuno. Arriveder…

Non riuscì a finire la frase. Fu steso da una raffica di mitragliette. Le due suore si erano girate verso di noi, avevano facce da delinquenti e la mitraglietta ancora fumante sotto la sottana.

– Conejo! – gridai istintivamente sporgendomi dal

finestrino nell'inutile tentativo di aiutarlo.

I due assassini vestiti da suora mi guardarono, li guardai e capii che non stavano per recitare un rosario. Mi buttai a terra appena in tempo. La seconda raffica crivellò lo scompartimento e ruppe una bottiglia di rum versandone il contenuto sui miei pantaloni.

Il treno partì. Ero salvo, ma avevo di nuovo bisogno di cambiarmi d'abito e il carrello dei bagagli con la mia valigia sopra era diretto verso il treno della Terra del Fuoco. Cominciavo ad averne piene le tasche. D'altra parte, giudicai il vestito rasta poco adatto alla circostanza e visto che pagava Margherita Pot cercai di rimediare.

Sul quel treno c'era certamente un servizio telegrammi. C'era.

L'impiegata era davvero carina e gentile e fu ben contenta di aiutarmi.

– Ho bisogno di acquistare dei vestiti e farmeli recapitare alla stazione di Santiago del Cile.

– Ha il numero telefonico del negozio?

– No, dovrebbe essere tanto cortese da fornirmene uno lei.

Lavorò qualche istante al computer e poi disse gentilissima: – Ci sono molte boutique di lusso a Santiago, ha qualche preferenza?

– No. Non conosco Santiago, mandi il telegramma alla prima della lista.

– Boutique Andina va bene?

– Certo.

Scrissi il telegramma: Prego farmi pervenire miglior capo taglia 48 vostro negozio presso Stazione Ferroviaria Santiago del Cile ore 21.00. Aggiungere biancheria intima, cravatta, portafogli e valigia. Inviare conto a Sig.na Margherita Pot Kisch International Milano.

La signorina lo spedì con solerzia e all'ora stabilita, non appena entrati alla stazione di Santiago mi fu consegnato un pacco con tutto quanto richiesto. Il treno fermò pochissimi minuti e ripartì alla volta di Lima in Perù.

C'era da essere più che felici per l'operazione vestiti se non fosse per un malaugurato equivoco del quale non posso incolpare nessuno se non la malasorte.

La Boutique Andina si chiama così perché è un negozio di artigianato. Purtroppo la Boutique Armani risultava al secondo posto della lista. Così invece di ricevere un capo firmato di taglio raffinato e all'ultima moda, nel pacco trovai:

• un poncho di lana grezza bianca e marrone che puzzava ancora di capra.

• Un berretto della stessa lana con para orecchie e cordino per allacciarlo sotto il mento.

• Un paio di pantaloni di tela ruvidi come un rotolo di carta vetrata e con l'elastico in vita.

• Sandali in cuoio.

• Una camicia in tutto simile ai pantaloni con l'unica differenza che questa si infila dalle braccia.

• Due palline di lana colorata per fermare il colletto.

• Una borsa a tracolla di corda con un disegno ricamato sopra che doveva essere un lama ma assomigliava a mia cognata.

• Infine, gentile omaggio della Boutique Andina, un Flauto di Pan inutilizzabile per due motivi: primo perché mi trovavo su una carrozza letto, secondo perché non so suonare alcuno strumento che non sia il campanello di casa.

Riassumendo: una delle mie valige stava viaggiando solitaria per la Terra del Fuoco, i vestiti che avevo addosso erano sporchi di terra, sangue e rum a causa degli incidenti della notte a Buenos Aires. Non potevo rimanere sul treno in quelle condizioni. Per passare inosservato decisi quindi di camuffarmi da pastore andino.

Sulla carrozza nella quale avevo preso posto c'erano altri quattro scompartimenti occupati, uno era rimasto libero. Nel primo alloggiava un commerciante di formaggi di Filadelfia, nel secondo una ragazza nera di New York ballerina di ritmi latini, negli altri due c'era una famiglia intera: padre madre e due gemelli di circa dieci anni.

Il treno ormai viaggiava nella notte verso Lima, Bogotà e lo stretto di Panama.

Era una notte serena. La luce riflessa della luna piena rendeva visibile la catena andina innevata coprendola di un riflesso surreale. Pensai a Cornelia che si sarebbe goduta lo spettacolo dall'alto. L'avevo spedita a New York in aereo e quindi non potevo contare sul suo aiuto per altri due giorni.

Prima di coricarmi controllai che tutti sulla carrozza fossero a dormire. Ennesimo si era ritirato prestissimo e lo sentivo russare oltre la parete. Il commerciante di formaggi entrò nello scompartimento, tirò quattro poderosi rutti e non lo rividi più fino al mattino seguente. La famiglia Greenbowski invece provvide a sculacciare sapientemente i due gemellini che dormirono come angioletti fino a mezzogiorno successivo. L'unica che non dormiva era la ballerina.

Sostava nel corridoio visibilmente annoiata. Aspirava una lunga sigaretta marrone e poi faceva i cerchi con la bocca.

– Vuole una sigaretta?

– Sì, grazie, signorina…

– Aguardiente. Mi chiamo Simonia Aguardiente, e lei?

– Cavallo. Matt Cavallo.

– È diretto a New York?

– No, in realtà stavo andando per la Terra del Fuoco, ma ho sbagliato binario…

La Terra del Fuoco mi fece venire in mente che non avevo mai fumato in vita mia. Ormai avevo già la lingua che assomigliava a una bistecca ben cotta. Dovevo bere dell'acqua.

– Posso offrirle qualcosa al bar, Simonia?

– Con vero piacere.

Simonia Aguardiente bevve un bicchiere di Porto, io un litro e mezzo di acqua minerale non gasata e sei succhi di frutta all'ananas. Più tardi pisciai per un quarto d'ora.

Quando tornai da solo alla carrozza letto, uno degli scompartimenti dove c'erano le valige di Quaranta era aperto. Dentro c'erano solo otto valige. Ne mancava una.

Fuori era tutto tranquillo, ma la valigia era inequivocabilmente sparita.

Dovevo ritrovarla assolutamente, ma la curiosità di sapere cosa contenevano tutti quei bagagli fu più forte e inoltre mi avrebbe aiutato nel mio lavoro. Provai ad aprire una delle otto rimaste selezionando qualche combinazione a caso senza risultato.

D'un tratto alle mie spalle una voce morbida e conosciuta mi fece sussultare:

– Mister Cavallo, anche lei interessato a questi bagagli?

– Signorina Aguardiente! Cosa ci fa lei qui?

– Casa ci fa LEI qui.

– Chi ha preso la valigia che manca?

– Come fa a sapere che manca una valigia?

– Intuito.

– Non faccia il furbo Mister Cavallo, è dentro questa faccenda fino al collo.

– Lei ne è dentro fin sopra i capelli, allora.

– Comunque non l'ho presa io la valigia. L'hanno presa questi due signori che stanno provando alcune combinazioni per aprire i lucchetti, finora però non è servito.

Fece entrare il venditore di formaggi e il Signor Greenbowski. I due presero ognuno una valigia e uscirono.

– Allora Mister Cavallo vuole dirmi perché vuole aprire quella valigia?

– Mi pagano per farlo – provai un bluff.

– Chi la paga?

– Forse gli stessi che pagano lei – la donna aveva abboccato – certi amici di Atlanta.

– Chi paga me non è di Atlanta è di Baltimora ma non è molto distante.

Il colloquio fu interrotto dall'arrivo del capotreno. La donna chiuse la porta e rimanemmo al buio all'interno dello scompartimento. Ne approfittai per afferrarla alle spalle tappandole la bocca con l'altra mano. In pochi attimi la immobilizzai. Profumava di buono Simonia Aguardiente, in una occasione diversa l'avrei corteggiata. Ora non mi pareva il caso. La legai col suo stesso foulard e il suo scialle e la lasciai lì. Porto ancora i segni dei suoi graffi sulla schiena.

Il formaggiaio e Greenbowski erano nell'ultimo scompartimento, quello vuoto. Aspettai che uscissero per andare a prendere altre valige. Recuperai le tre rubate e le nascosi fuori. Quando i due trovarono lo scompartimento di Quaranta chiuso a chiave, temendo di essere stati scoperti, si rifugiarono di corsa nell'ultimo scompartimento. Era quello che speravo.

Quando furono dentro chiusi la porta a chiave. Riportai le valige rubate al loro posto e Simonia Aguardiente nel suo scompartimento. Ovviamente chiusi anche quest'ultimo dall'esterno.

Adesso i tre poco di buono erano sistemati per un bel po'. "Ottimo lavoro Matt Cavallo." Dissi a me stesso. Sono in gamba, molto in gamba. Il più in gamba.

Durante il resto della giornata nessuno più disturbò il viaggio di Ennesimo Quaranta e neanche il mio. Ne approfittai per prendere sonno visto che non avevo dormito durante la notte. Me lo meritavo.

Feci un sogno bellissimo:

Io, Ennesimo Quaranta e Margherita Pot eravamo stesi al sole dei tropici. Quaranta rosolava lentamente, io bevevo un drink con tanto di ombrellino di carta decorativo, la signorina Pot si gingillava spalmandosi crema solare. Dopo due ore arrivarono i pompieri a spegnere il ragioniere mentre io fuggivo con la Pot su un'isola deserta e mi sdraiavo su un'amaca.

A quel punto il sogno diventava meno bello.

Cadevo dall'amaca e finivo in una lavatrice accesa

sul programma per il lavaggio ad alta temperatura.

Nella lavatrice trovai la mia maestra delle elementari, l'insegnante di educazione fisica del liceo e Ciro Sorensen. Il rappresentante di formaggi aggiunse al detersivo dell'ammorbidente al gorgonzola. Venimmo centrifugati e stesi ad asciugare sotto il ponte di Brooklyn assieme all'uomo gomma dei Fantastici Quattro che però si lamentava perché allungandosi si bagnava i piedi.

Dormii durante le ore di luce e quando mi svegliai era di nuovo quasi notte. Stavamo attraversando lo stretto di Panama. Banane, vegetazione tropicale e volatili variopinti. Uno spettacolo. Mi veniva voglia di scendere e fermarmi lì, ma mi sarebbe mancata Margherita Pot.

"Non gettare alcun oggetto dal finestrino" il messaggio ripetuto in sei lingue mi diede un'idea.

Presi Greenbowski, Simonia Aguardiente e il venditore di formaggi e li scaraventai uno a uno dal finestrino. Sei mesi dopo furono segnalati alle Antille mentre servivano cibo avariato in un ristorante cinese.

Risparmiai la signora Greenbowski e i due gemelli. Supposi che non fossero a conoscenza degli affari loschi del padre.

Il mattino dopo avevamo superato Costa Rica, Nicaragua, El Salvador, Honduras, Città del Messico e ci stavamo dirigendo rapidamente verso Houston. Il paesaggio si andava modificando come in un lento film. Adesso si cominciavano a vedere sabbia e cactus dovunque.

Incontrai Ennesimo Quaranta al vagone ristorante, abbigliato com'ero non mi riconobbe. Aveva la faccia riposata e il giubbotto color crema impeccabile. Naturalmente non si era accorto di nulla:

– Gran bel viaggio non è vero?

– Splendido. Questi treni sono una meraviglia.

– Pensi che stanotte ho fatto un sonno unico di nove ore senza il minimo disturbo.

– Oh anch'io. Ho dormito come un ghiro in letargo. Fin dove arriva? – chiesi fingendo di non saperlo.

– Fino a New York.

– Ma guardi che combinazione, vado a New York anch'io. Fornisco latte di capra delle Ande alla squadra dei New York Giants.

– Basket, suppongo.

– No, football americano.

– Deve trattarsi di un ottimo affare.

– Sì sì, c'è da fare un bel po' di grana. Il problema è convincere le capre a trasferirsi nel Queens. Lei invece?

– Io vado in visita di cortesia ad un vecchio parente italiano. Uno che ha un ristorante sulla 31ª strada.

In quel modo feci amicizia. A New Orleans cantavamo già insieme "O Sole Mio". Ad Atlanta ci confidammo la squadra del cuore: lui tifava per il Pergocrema, io per l'Atalanta. Di Baltimora non ci accorgemmo nemmeno, a Filadelfia eravamo di nuovo a pranzo insieme. Io offrii il formaggio.

cap. 10

No è cicciona come te che ferma io

Alla Grand Central Station di New York scendemmo insieme: io in un completo vestito tradizionale andino, lui col suo giubbino in terital color crema e pantaloni marroni, sempre gli stessi, sempre maledettamente in ordine.

Non avevo mai visto tanta gente in vita mia. Persone di ogni razza si incrociavano senza guardarsi. Tutti con una meta diversa l'uno dall'altro.

Poiché ogni sorta di tipo umano presente sul pianeta era rappresentato in quella stazione, nessuno si stupì del mio vestito tradizionale andino.

Nella grande sala d'attesa, Quaranta si rivolse a me chiedendomi un favore. Mi sarei aspettato di tutto in quel viaggio, perfino di dover saltare dalla statua della Libertà vestito da Bat Girl braccato da Omer Simpson con in mano un insetticida, ma che Ennesimo Quaranta mi chiedesse:

– Scusi gentile signore, sarebbe così cortese da guardarmi cinque minuti le valige?

Come sarebbe "cinque minuti"? Ma se è una settimana che non faccio altro! Sulle prime mi infuriai come un amante abbandonato, poi riflettendoci capii che lui non poteva saperlo.

– Ma si figuri – risposi – sarà un vero piacere.

Ennesimo si allontanò, forse per spedire un nuovo messaggio cifrato.

I facchini avevano sistemato le valige in tre pile di nove. Mi sedetti in poltrona giusto il tempo di vedere appoggiata ad un pilastro la figura enorme di Cornelia. Temetti seriamente per la sorte del pilastro.

Mi corse incontro e mi abbracciò calorosamente. Significa che tentò di stritolarmi stringendomi tra le braccia.

– Ti ho trovato piccolino mio!

– Cia... Cornel... sei arriv… meno mal... La vigorosa stretta della mia nuova aiutante mi impediva di parlare ma ci capivamo lo stesso.

– Perché mi hai spedito sull'aereo mentre tu viaggiavi in treno? Mi volevi scappare?

– No, Cornelia: è stato un imprevisto che ti spiegherò più tardi.

– Ma come sei vestito, dove sono quei bellissimi abiti che ti ho comperato?

– Alla dogana americana non mi hanno fatto passare, dicono che in questa nazione sono proibiti, sono considerati offesa alla bandiera degli Stati Uniti.

– Non ti arrabbiare, Matt. Stai bene anche vestito così. Anzi dammi l'indirizzo del tappezziere che ti ha vestito.

Cornelia fece una grassa risata da far tremare le vetrate della stazione e attirò l'attenzione di tutti, statue e vasi da fiori compresi. Io trattenni la mia furia e da buon professionista cercai di arrivare al nocciolo della questione. E i noccioli erano due: primo non potevo restare vestito così a lungo, secondo la presenza di Cornelia era una buona notizia.

– Oh come sono contenta Matteuccio mio.

– Piano piano, sono in incognito.

– Matteo? Matteo? Una voce stridula si alzò qualche metro più in là. Ci voltammo entrambi io e Cornelia. Cornelia spalancò gli occhi stupita, io spalancai gli occhi terrorizzato: la più brutta giornalista del mondo mi aveva seguito fin lì.

– Matteo, chi mhll schac ha detto Matteo.

Annaspava cercando di seguire la voce. Dovetti avvicinarmi per farla smettere di sbraitare. Mi saltò al collo, sbattendomi il registratore sul mento come il gancio di un pugile esperto.

– Meno malh ti trovato, io melk quattro giorni che seguo. – Intanto continuava a toccarmi e sbaciucchiarmi. A dire il vero sbaciucchiava più il poncho.

– Mi segui?

– Sì, io Casablanca-Buenos Aires in aereo, poi finto signora Greenbowski in treno da Bueno Aires New York. Ma lì avuto un po' paura causa rumori strani allora nascosta.

"Lo sapevo che dovevo eliminare anche la signora Greenbowski e già che c'ero anche i due gemelli. Mai lasciare le cose a metà" pensai ad alta voce mentre Cornelia cominciò a guardarmi male: – Ma io non ne voglio sapere di te e delle tue interviste.

– Io no voglio fa intervista più. Io amo te, io pazza te.

Mi stava aggrappata come un insetto sulla carta moschicida. Io cercavo inutilmente di staccarmela di dosso come si fa con le ragnatele. Ma non c'era verso.

– Io vuole sta sempre con te. Matteo mio cuore?

– Tu non vuole sta con nessuno. Se no io da te sganascione che tuo dentista felice per resto suoi giorni.

Cornelia si intromise proprio quando ormai ero disperato. La giornalista reagì con una ferocia inaspettata. Si aggrappò alla schiena di Cornelia e cominciò a menare botte alla cieca; nel suo caso le riusciva piuttosto agevole. Cornelia probabilmente non sentiva assolutamente niente ma faceva una certa fatica a muovere i suoi centoventi chili.

– Mollami vecchio rospo.

– No, io vai mio amore grande.

– Tu non vai con nessuno, ammasso di Cous Cous avariato.

– No è cicciona come te che ferma io.

Cominciarono a roteare pericolosamente, la gente si scansava, e un certo trambusto si creò tra i passeggeri in attesa. Le due fecero tre o quattro piroette e caddero entrambe pesantemente sulle tre pile di valige che finirono sparse a terra come un ammasso di roba vecchia.

La lotta continuò furibonda un po' più in là, intanto erano intervenuti anche un paio di poliziotti che non riuscirono a fermare le due donne: mezza donna la giornalista e una e mezza Cornelia.

Pagai cento dollari due facchini perché ricomponessero i bagagli di Quaranta e gli facessero la guardia, scelsi i più grossi per essere sicuro. Quindi mi dileguai alla ricerca di abiti più decenti.

Nell'enorme Grand Central Station c'è di tutto: ristoranti, sale cinematografiche, teatri e per fortuna anche boutique di classe.

Mi infilai nella prima che mi capitò e lì mi rivestii dalla testa ai piedi, comperai una nuova valigetta, un ricambio, un paio di occhiali usa e getta, e lasciai il costume tradizionale Cileno alla cassiera.

Quando tornai sui miei passi indossavo un elegantissimo completo di flanella color ghiaccio e un paio di mocassini marroni con la tomaia intrecciata. Nemmeno Ciro mi avrebbe riconosciuto.

All'uscita dalla Boutique la scena che mi apparve sembrava il giorno dopo un disastro nucleare: Cornelia non c'era più, quattro poliziotti erano accatastati uno sopra l'altro svenuti, la giornalista araba era appesa all'orologio elettronico, tre file di poltrone erano divelte e ormai potevano servire solo ad accendere il fuoco, non c'era più un vaso di fiori sano, e un quinto poliziotto sporgeva per metà dal tabellone delle partenze, svenuto il poliziotto e morto il tabellone.

Solo le ventisette valige erano al loro posto, opportunamente sorvegliate.

Quaranta stava ringraziando i portabagagli:

– Niente mancia signore, l'abbiamo già ricevuta da un pastore andino.

– Ah quel signore tanto gentile.

– Sì, ci ha lasciato i soldi e l'ordine di controllare le valige e se n'è andato.

– Troppo modesto, veramente un galantuomo. Ad ogni modo se doveste incontrarlo di nuovo ringraziatelo a mio nome.

Io ero a due passi. Gli avrei voluto tirare un pugno in testa ma non me lo potevo permettere. Per fortuna non mi aveva riconosciuto, ed è sempre meglio mantenere l'incognito quando si pedina un ragioniere. Inoltre era meglio filarsela prima che la racchiona si risvegliasse.

La Grand Central Station si trova a Manhattan, sulla quarantaduesima, nel cuore della Grande Mela.

Come prevedevo, Cornelia mi aspettava fuori nascosta dietro un camion a rimorchio. Avevo un piano. Noleggiai due taxi, uno per me e l'altro per Cornelia. Ordinai a Cornelia di seguirmi. Poi salii sul taxi. Anche Cornelia salì sul mio taxi.

– Ti ho detto di seguirmi nel senso che mi devi venire dietro col taxi.

– Ok ok bimbo. Non ti arrabbiare che non ho più voglia di litigare.

Scese dal mio taxi scardinando quasi la portiera, e salì finalmente sul suo. Allungai un centone al mio taxista:

– Segua quella macchina!

– Quel taxi dove è salita la cicciona?

– Badi a come parla, quella è Cornelia, la mia segretaria.

– Contento lei.

– Pensi a guidare e a seguire il taxi dietro di noi.

– Se il taxi è dietro e a occhio e croce è fermo come le Montagne Rocciose, mi spiega come faccio a seguirlo?

Gli americani hanno un senso dello humor davvero irritante. Da dietro si mossero i nove taxi noleggiati da Quaranta. Fortunatamente a New York i taxi non mancano.

– Scusi signore quale dei nove devo seguire?

– Stia zitto e li segua tutti.

– Tutti?

– Sì tutti. Quando vedrà che si stanno fermando davanti ad un albergo li dovrà superare in modo da farmi entrare prima di loro.

– D'accordo, ma non garantisco il risultato.

– Qual è il suo nome?

– Marta.

– Marta?

– Sì Marta. Per seguire tutti quei taxi ci vorrebbe mio cugino.

– Lei ha un cugino che si chiama Marta?

– Sì ma vive a Milano.

– Allora non si preoccupi che ce la farà.

Il taxista non capì ma accettò volentieri i 50$ supplementari di mancia. Marta guardò l'orologio, accese il tassametro, si fregò le mani, si infilò un paio di guanti senza le punte e partì in assoluto silenzio.

Il piano consisteva nel capire in quale albergo avrebbe alloggiato Quaranta, anticiparlo all'entrata e prenotare la camera prima di lui in modo da essere certo che non si ripetesse la scena di Buenos Aires.

La carovana di taxi lasciò Manhattan con i suoi grattacieli più alti del mondo e attraversò tutto il Bronx diretta verso nord. Dopo una buona mezzora i taxi misero la freccia a destra nei pressi di un Motel alla periferia della città.

Zazà Mancuso's Hotel. Un agglomerato di una ventina di villette in pieno sole. Un posto dove si poteva girare un film di gangsters e che avrebbe avuto bisogno di una disinfettata più di una ferita putrefatta.

Sul retro del Motel un ragazzino già dotato di pancetta martoriava di colpi un tabellone da basket rabberciato, appeso sulla parte superiore del garage. Un vento carico di sabbia faceva rotolare lattine vuote lasciate per strada e pezzi di arbusti rinsecchiti.

Il proprietario era un italoamericano, se ne stava con la camicia aperta, un cappello di paglia in testa, steso su una sedia dietro il banco. Indossava pantaloni corti da pallacanestro e ciabatte di finta pelle.

La sua occupazione principale era togliersi caccole dalle narici.

Chiesi due camere, una doppia per Cornelia e una singola per me.

– Quanto tempo vi fermate?

– Una sola notte.

– Fanno 135$, 50 per la doppia e 85 per la singola.

– Vuol dire 50 per la singola e 85 per la doppia.

– No, voglio dire proprio quello che ho detto. Io non so se dalle vostre parti si dice una cosa per intenderne un'altra. Qui diciamo una cosa e intendiamo dire proprio quella.

– Ma perché io pago di più?

– Perché lei ha bagaglio, la signora invece no. Fece un cenno col dito verso un cartello appeso dietro: "Supplemento bagagli $ 35."

– Ma allora la doppia costa come la singola.

– Quello che conta è la persona non i letti. Guardi che c'è un'altra pensioncina a due miglia da qui. Se l'hanno riaperta dopo l'omicidio della scorsa settimana troverà tutte le camere che vuole. Io ho altro da fare che stare a discutere con lei.

In effetti aveva il suo bel daffare a togliersi le pulci dalla pancia pelosa.

– Va bene le prendo.

Pagai i 135, presi le chiavi e mi allontanai proprio mentre entrava nel bugigattolo Ennesimo Quaranta. Si rivolse all'uomo caccola:

– Due camere per favore. Una per me e una per i miei bagagli.

L'uomo si alzò in piedi, depositò l'ultima caccola sotto il bancone e rispose:

– Mi dispiace, le ultime le ho affittate proprio un minuto fa al Presidente degli Stati Uniti. L'Hotel è esaurito.

– Non importa, cercherò più avanti.

Girò i tacchi e uscì. Non avevo previsto questo caso. Non potevo certo lasciarlo andare così, l'avrei seguito anch'io. Avevo detto a Marta di aspettarmi fuori, tornai da Zazà Mancuso per disdire le camere.

– Ci ho ripensato. Ho ricordato un impegno e non posso fermarmi.

– Come vuole. Mi restituisca le chiavi.

– Ecco a lei, mi restituisca i 135$.

– Non si restituisce niente, bello mio. Lei ha prenotato, lei ha rinunciato. Ha fatto tutto lei, quindi non le devo niente.

Picchiai un pugno sul bancone che traballò pericolosamente: – Questo è un furto, non sono nemmeno entrato in camera! Adesso lei mi ridà i miei 135$ altrimenti chiamo la polizia.

Zazà Mancuso non fece una piega, tirò una boccata dalla sigaretta senza filtro che aveva in bocca e mi indicò un altro cartello appeso: "Non si restituisce denaro anticipato per le prenotazioni". Non contento aggiunse:

– Per vedere la polizia da queste parti dovrà guardare la TV, non si fidano gli sbirri a entrare nel quartiere.

Non potevo stare lì a discutere, Ennesimo Quaranta se ne stava andando e io dovevo seguirlo.

– Vada a farsi friggere lei e le sue stramaledette camere.

Mi precipitai fuori, diedi un calcione al pallone da basket del ragazzino che andò a finire oltre la statale. Salii sul taxi di Marta mentre Cornelia prendeva posto sul suo. Il ragazzino mi riempì di insulti coloriti. Eravamo pronti a riprendere l'inseguimento ma in quel preciso momento Zazà Mancuso si precipitò nel parcheggio del Motel. Gli mancava una ciabatta, aveva la sigaretta in mano e urlava all'indirizzo di Quaranta:

– Ehi tu mi si sono liberate due camere proprio in questo istante se ti interessano fanno 55$ tutt'e due, c'è lo sconto per chi occupa due camere da solo e non facciamo pagare nemmeno il supplemento bagagli.

Ebbi il tempo di vedere Quaranta fare cenno che accettava e i tassisti che trascinavano le valige verso il Motel. Poi svenni.

cap. 11

Strada dipartimentale numero 9

Mi risvegliai nel taxi di Marta. Cornelia mi reggeva la testa sulle ginocchia, si sputazzava le mani e mi frizionava la faccia e il torace. Non so se lo facesse per finirmi definitivamente o per farmi riprendere conoscenza. Fatto sta che mi svegliai.

– Meno male che ti sei svegliato, piccolo.

– Cosa è successo? – chiesi ancora rimbambito dallo svenimento.

– Niente, solo un piccolo equivoco.

– Come la mettiamo qui col taxi? Finora sono 215$ – ci interruppe il taxista.

– Zitto tu che il mio capo deve pensare.

– Cicciona, porta un po' di rispetto o ti sbatto giù.

Marta osservò meglio la mole della mia nuova socia e capì subito il grave errore commesso: – Era uno scherzo signorina Cornelia, anzi sa cosa le dico? Faccio 15 bei dollaroni di sconto. Crepi l'avarizia.

– Così va meglio – disse Cornelia che aveva già caricato uno dei suoi destri potentissimi – e lo sconto sarà di 30 non di 15$.

Marta non fece obiezioni.

Ci misi qualche secondo ma realizzai un nuovo piano. Cornelia sarebbe rimasta lì a controllare Quaranta, io nel frattempo avrei fatto il mio rapporto, dato un'occhiata a Ketchup e chiamato Ciro. Poi sarei tornato e avrei fatto la guardia per tutta la notte mentre Cornelia sarebbe andata a dormire in un altro Motel. Ci saremmo rincontrati lì alle 7 del mattino successivo.

Provai a telefonare in ufficio.

"TUUUUT TUUUUUT TUUUUT

Arrispònde la seggreteria telefònica di Ciro Sorensenne, Cavallo Investigazioni. Se siete una femmena lasciate nu messaggio e u nummero di telefono cheppoi vi chiamo io. Se siete uuomo procuratevi n'artra aggenzia e non perdete tempo a lasciare messaggi.

State bbuono."

BIIIIIP

- Ciro, sono il capo.

Spero per te che tu non sia in ufficio perché dovresti trovarti a New York.

Vuoi deciderti a leggere la posta elettronica e a rispondermi?

Al diavolo!

SBADACRASCH!

Poi inviai l'ennesimo messaggio.

Da: mattcavallo.investigazioni@revolver.it
a: aiutante.ciro.sorensen@revolver.it

Ciao razza di demente,

se fosse per te potrei morire di dissenteria o impiccato sotto il ponte di Brooklyn da una banda di teppisti del Bronx.

Se sei in città raggiungimi subito.

A nord di Manhattan, ventisettesimo chilometro della strada dipartimentale numero 9, Desoly Town, taxi parcheggiato nel piazzale dello Zazà Mancuso Motel.

Se vedi una cicciona con la pelle nera quello è il mio nuovo aiutante. Tu sei licenziato.

Mi hai almeno comprato le pillole contro la diarrea?

Al diavolo.

il Capo.

Infine lessi il messaggio che Quaranta aveva scritto evidentemente alla Stazione Centrale dei Treni:

da: ragionier.quaranta@kischinternational.it
a: giuseppina.salutati@inquaranta.it

Tesoro d'oro,

mi trovo a Nuova York dopo un viaggio in treno veramente rilassante.

Dopo aver dormito nove ore ho fatto amicizia con un simpatico pastore andino trascorrendo gli ultimi chilometri in amena conversazione. Pensa, vende formaggi alle squadre di basket.

A proposito, ho intenzione di procurarmi una maglietta per nostro nipote Ottavio, sai che è patito per la pallacanestro.

Vorrei provare a mangiare hot dogs ma chissà se gioveranno alla mia colite spastica. In ogni caso in Giappone voglio fare più attenzione al cibo.

un Ennesimo saluto dal tuo ragioniere preferito

Dormimmo io e Marta nel taxi. La corsa, si fa per dire visto che restammo immobili per otto ore, mi costò 425$. Per altri 450 noleggiai il taxi per l'intera giornata e spedii Marta a casa. Per quello che avevo in testa mi serviva una macchina.

Quando Cornelia ci svegliò entrambi, avevo le ossa a pezzi e l'abito completamente spiegazzato. Ennesimo Quaranta uscì verso le 8. Indossava il solito giubbino color crema con la cerniera e pantaloni marroni, sempre gli stessi perfettamente in piega. Si avvicinò aggiustandosi gli occhiali sul naso e chiese:

– È libero?

– Veramente ci sarebbe la signora – dissi – ma se fate la stessa strada posso portarvi tutti e due a metà prezzo.

Cornelia resse magnificamente il gioco e Quaranta fu ben contento di risparmiare.

Durante la corsa verso il centro di Manhattan alcune macchine si alternarono al nostro inseguimento e diversi tipi poco raccomandabili, tutti con un telefono portatile in mano, ci spiarono dagli angoli delle strade. La consegna a New York sarebbe stata ben più difficile.

Fermai il taxi davanti ad un parcheggio sotterraneo e feci scendere i due passeggeri quello vero e quello finto. Quello vero pagò la corsa e se ne andò, quello finto non pagò e seguì Quaranta. Feci il giro dell'isolato e mi infilai dentro al parcheggio posteggiando nell'angolo più buio.

Cornelia mi aspettava con Ennesimo Quaranta in braccio, addormentato come il mio vicino di banco del liceo durante le ore di latino.

– Come è andata? – chiesi.

– Benissimo, non si è accorto di niente. Appena girato l'angolo gli ho dato un buffetto in testa ed è crollato senza nemmeno chiamare la mamma.

– Ottimo lavoro, ma non è che me l'hai ammazzato col tuo buffetto?

– No, tranquillo piccolo, è solo svenuto, non si sveglierà prima delle tre.

– Hai controllato le tasche?

– Sì, c'è una grossa busta gialla senza indirizzo.

Infilammo Quaranta nel bagagliaio. Aprii la valigetta e tirai fuori il mio asso nella manica. Una camicia a righe, un giubbino di cotone color crema con la cerniera e un paio di pantaloni marroni. Un perfetto completo modello ragioniere contabile della Kisch International. Mi travestii da Ennesimo Quaranta senza dimenticare gli occhiali da miope e uscii all'aperto seguito a debita distanza da Cornelia.

Vestito così ero un'esca succulenta e i malviventi newyorkesi abboccarono. Intanto il vero Quaranta era al sicuro.

Eliminare i primi tre tipacci fu un giochetto da ragazzi, per Cornelia intendo. Erano vestiti in un modo che li avremmo individuati in mezzo agli spettatori della finale dell'NBA: camicia bianca, scarpe nere lucide, pantaloni neri, giacca nera, cappello e occhiali neri. Sembravano becchini a un funerale.

Mi seguivano a qualche metro di distanza aspettando il momento propizio per assalirmi. Dietro di loro, Cornelia. Camminai spedito per un poco, poi mi fermai un paio di metri dopo un cassonetto dell'immondizia. I tre si fermarono giusto all'altezza del contenitore. Le braccia di Cornelia si aprirono per tutta la loro ampiezza, poi si richiusero una sulla testa di quello di destra e l'altra sul cranio di quello di sinistra. In mezzo, il terzo, fece la conoscenza con le teste vuote degli altri due. Si udì un raccapricciante rumore di ossa disarticolate e tre malviventi finirono nel cassonetto senza nemmeno rendersene conto.

Camminammo nel tipico ambiente newyorkese: strade enormi, marciapiedi trafficati, negozi, grattacieli, tombini fumanti ma soprattutto folla, molta folla.

Lì in mezzo c'era qualcuno che voleva farmi fuori, per rubarmi quello che avevo in tasca. Veramente non volevano far fuori me, volevano eliminare quello che stava nel bagagliaio del taxi di Marta, e non volevano nemmeno quello che avevo nel portafogli, volevano la busta che stava nella giacca di quello che stava nel bagagliaio del taxi di Marta. Insomma la cosa era complicata ma si poteva riassumere così: chiunque mi si avvicinasse poteva essere un killer.

Tutto filò liscio fino a che, dall'altro lato della strada, una specie di foruncolo non ancora schiacciato tentò quello che a Manhattan è un vero e proprio suicidio: gettarsi nel traffico della quinta strada. Alcune automobili frenarono di scatto, quelle dietro le tamponarono distruggendosi, altre ancora presero fuoco nell'impatto. Un autobus carico di suore finì dritto contro un idrante. Il getto d'acqua salì per una ventina di metri e ricadde a terra innaffiando gli avventori di un ristorante tirolese coi tavolini fuori. Le stelle alpine che avevano sui cappelli offerti dalla direzione del ristorante fiorirono di colpo. Gli avventori applaudirono e versarono laute mance ai camerieri.

Tra i due marciapiedi si era formata una specie di barricata di lamiere contorte e bruciacchiate dalle quali uscivano persone di ogni tipo come vermi dalla mela. Un cineamatore girò la scena e si arricchì vendendola ad un famoso regista di film d'azione.

Il foruncolo invece riuscì a raggiungere il marciapiede sul quale mi trovavo. Correva verso di me. Un brivido mi corse lungo la schiena: Rakkiart la giornalista araba.

– Signore tu conosce uomo vestito di pastore Andino, tu sa dov'è?

– Non lo so dov'è, non lo conosco e non conosco nemmeno te.

Grazie al cielo mi aveva scambiato per Quaranta.

– Tu era su treno da Bueno Aires, tu visto, lui non dato niente te?

Si appoggiava, mi prendeva il braccio, mi tirava da un lato. Cornelia fissava la scena da lontano. Mi pare di aver notato che ridesse e accennasse a qualche passo di funky.

– Io no visto e no dato niente me.

– Ma come parla tu, pure tu arabo.

– Ma pensa a come parli tu, brutto insetto.

– Ah, tu no arabo, solo scherzo.

– Quale scherzo… ho da fare vattene.

Non se ne andava, quella era peggio di un polipo con tripla dotazione di tentacoli.

– No io no andare via se tu no dice qualche cosa.

– Non so niente e non ne voglio sapere niente.

– Allora tu neanche biglietto di visita.

Quando si dice la provvidenza. Quando la situazione sembra disperata c'è sempre qualcuno che da lassù ti guarda e ti protegge. Avrei baciato quella donna, se non lo avessi già fatto una volta compromettendo la mia salute mentale, se non fosse così racchia, e se fosse almeno una parvenza di donna. Mi aveva dato un'idea geniale, due piccioni con una fava.

– Certo che mi ha dato un biglietto da visita – mi assestai una manata teatrale sulla fronte – che sciocco a non ricordarmene. Ce l'ho nel portafogli. Glielo do volentieri.

Tirai fuori dal portafogli un biglietto verde con le scritte in oro, certe manie provocano risultati orribili, sopra c'era scritto con un carattere a ghirigori: 'Ciro Sorensen giornalista', più sotto in piccolo c'era l'indirizzo dell'abitazione e quello della casella di posta elettronica. Lo consegnai alla pustola orba e tirai un gran sospiro di soddisfazione.

– Ecco nome e indirizzo del tuo grande amore, brutta racchia.

– Grazie due mille, tu salvato me, come potere ringraziare.

– Vattene, ringraziami andandotene al più presto.

Cominciò a sbaciucchiarmi la mano e a stringermela. Intanto tutt'intorno, dalla folla di curiosi che assisteva all'enorme incidente automobilistico, erano usciti una decina di personaggi le cui facce non promettevano niente di buono per il pomeriggio.

– Io non può lasciare te così, tu molto buono.

Cercai di divincolarmi dalla stretta, Rakkiart cadde a terra ma si aggrappò alla mia gamba. Cercai di scrollarmela di dosso rifilandole un paio di calci con la gamba libera. Niente da fare: quella era peggio di una zecca. Cornelia non intervenne, doveva coprirmi le spalle e invece rideva alle mie spalle.

Visto come si mettevano le cose presi l'unica decisione sensata: un cazzotto ben assestato sui denti di Rakkiart. Ne perse altri due dei pochi che le erano rimasti. Poi arrivò la ginocchiata al mento che le spostò la mandibola, questo però giovava al suo profilo.

Infine, approfittando del fatto che i turisti si erano alzati ad applaudire il fenomeno della fioritura di stelle alpine fuori stagione, rubai una seggiola di legno e gliela fracassai sulla testa. Cadde tramortita al suolo. Stringendo nella manina pelosa il biglietto da visita di Ciro Sorensen.

Il resto della giornata, al confronto, fu una passeggiata di salute. Pensò a tutto Cornelia.

Prima spezzò i femori di un paio di bullotti del Bronx, di quelli che camminano molleggiandosi e indossano magliette senza maniche.

Poi attorcigliò a un palo della luce due italoamericani che mi avevano minacciato con la pistola. Verso mezzogiorno spalmò su una griglia di sfogo delle fogne un killer professionista di origine polacca, assoldato da trafficanti d'auto di Detroit.

All'una pranzammo in un ristorantino messicano e pagammo un conto di 137,99$; 7,99 era il totale di quello che mangiai io, 130 quello che divorò Cornelia. Più tardi, prima del tè, ci fu una scazzottata con dieci piccoli indiani che la mia nuova aiutante giamaicana fece fuori uno ad uno. Alle cinque pausa per il tè. Dalle 17.30 alle 18.30 si occupò nell'ordine di:

- un mafioso russo
- un cecchino napoletano
- un gatto nero che mi attraversava la strada
- una banda di giapponesi, esperti di karate
- un poliziotto di origine irlandese che mi voleva multare per aver attraversato la strada fuori dalle strisce pedonali.

Alle 18.30, da qualche parte, suonò una sirena e gli attentati a Ennesimo Quaranta per quel giorno finirono.

Tornammo al parcheggio. Cornelia era visibilmente affaticata. Indossai nuovamente il vestito di flanella bianco. Ennesimo Quaranta dormiva ancora come un angioletto. Lo liberammo, lo rimettemmo seduto sul taxi e uscimmo all'aperto.

– Signore, si svegli signore – Cornelia diede un paio di schiaffetti al ragioniere.

– Oh oh – fece Quaranta.

– Signore, si è addormentato.

– Siamo arrivati? – chiese il ragionier Quaranta sveglio solo per metà.

– Non lo so è lei che me lo deve dire.

– Cielo mi sono appisolato.

– A dir la verità è tutto il giorno che dorme. Noi l'abbiamo lasciata dormire ma adesso il tassista deve rientrare. – Cornelia recitava meglio di Julia Roberts ma pesava qualche chilo di più. Un perfetto doppiaggio, insomma.

– Perdinci, scusatemi tanto per l'incomodo. Che ore sono.

– Le diciotto e trenta. Minuto più minuto meno.

– Grazie al cielo sono ancora in tempo. Per cortesia portatemi al Madison Square Garden.

– Allo stadio di basket?

– Esattamente.

– Come vuole, io scendo qui. La corsa la offro io. Il tassista sarà felice di accompagnarla.

– Certo, con piacere – dissi pensando che almeno la corsa in taxi gliela poteva far pagare.

Allo stadio una folla di circa diecimila persone

aspettava di entrare. Ennesimo mi chiese di accostare in prossimità di un fast food. Evitando qualche tifoso eccitato per la partita entrò nel locale. L'insegna di plastica presuntuosamente diceva: Roberto Baggio Restaurant specialità italiane.

Fortunatamente le grosse vetrate mi consentivano di vedere quasi tutto quel che accadeva all'interno del locale.

Ad un tavolino in primo piano c'erano due ragazzotti di colore che gesticolavano abbondantemente davanti a dei piatti di carta contenenti patatine fritte e maionese. Le loro bibite erano state servite dentro bicchieri raffiguranti Topolino.

Due sgabelli a ridosso del grande bancone erano occupati l'uno da cento chili di poliziotto e l'altro dal cappello del poliziotto. Mangiava voracemente e

guardava assorto la TV mentre il ketchup gli macchiava i pantaloni. Gli americani quando mangiano tornano bambini. Il locale più che un ristorante sembrava un parco dei divertimenti tra bandierine, palloncini e personaggi dei fumetti. Dubitai dell'insegna che prometteva specialità italiane.

Ennesimo si avvicinò al bancone e come a Buenos Aires una busta passò dalle sue mani a quelle del suo interlocutore, questi restituì un cartoccio con un salsicciotto caldo sporcato di senape che Quaranta gettò per terra appena fu fuori dal ristorante modello Disneyland. Si diresse verso un banchetto che vendeva gadget delle squadre di basket e comprò una maglietta e un'enorme mano di stoffa con il dito indice alzato, una specie di guantone che ostentano i tifosi per dire che la propria squadra è la numero 1.

Poi risalì sul taxi e ordinò: – Mi riporti al Motel di corsa, devo assolutamente prendere l'aereo per Tokyo alle 21.00.

"Cavolo, non si dorme mai in questo viaggio" pensai. Almeno però avevo conferma dell'informazione.

– Sarò un fulmine – dissi, dopo cinque tentativi di ingranare la prima marcia.

– Bene – disse lui.

Riportai il ragioniere al Zazà Mancuso's Hotel, passai a prelevare Cornelia, restituii il taxi a Marta dimenticando volontariamente a bordo la valigia con i finti indumenti di Quaranta, ormai non mi servivano più. Il denaro non mi mancava. Le energie un po' sì.

cap. 12

C'è una geisha nel gruviera

Alle 21 precise ci imbarcavamo tutti e tre sull'aereo per Tokyo. Ormai Ennesimo Quaranta conosceva i nostri volti, mi parve quindi una buona idea travestirci in modo da non essere riconosciuti. Mi ero procurato uno splendido vestito da samurai completo di lancia e spada, Cornelia invece era vestita da lottatrice di Sumo.

Il segnale lampeggiante avvertiva di non fumare e allacciare le cinture di sicurezza. Il divieto di fumare per me e la mia assistente non era un problema, il fumo non era contemplato tra i nostri vizi; per quanto riguarda le cinture la questione era più complicata. Ci fu una lunga serie di tentativi di stringere la pancia di Cornelia, ai quali collaborarono oltre a me e a tutto l'equipaggio (pilota compreso), anche un paio di giocatori di rugby. Alla fine si optò per legarne insieme tre che facevano giusto la misura della circonferenza in vita della giamaicana.

Non è nemmeno il caso di dire che Quaranta aveva con sé le ventisette valige, e io il mio vestito di flanella chiuso in una nuova borsa comperata per l'occasione, e Cornelia i suoi vestiti in una sacca da marinaio.

Era notte e tutti dormivano, Cornelia russava facendo concorrenza al rumore dei motori dell'aereo. Mi ero appena appisolato quando mi comparve in sogno James Bond che mi proponeva di diventare suo socio e aprire una latteria alla periferia di Torino. Dalle scatole del latte però uscivano piccolissime spie giapponesi che ci devastavano il locale a forza di colpi di karate. Io e James ci trasferivamo perciò al Polo Nord e aprivamo una fabbrica di cubetti di ghiaccio a forma di penna stilografica, ma gli affari non andavano troppo bene e allora, sempre su consiglio suo, decidevamo di aprire una fabbrica di penne stilografiche di ghiaccio. L'inchiostro però si annacquava troppo e quindi gli affari andarono a rotoli. Su consiglio del mio commercialista allora presi a calci James Bond, ruppi la società, mi svegliai tutto sudato e decisi di andare a fare pipì.

Dormivano ancora tutti.

Attraversai il lungo corridoio fino ai bagni che erano collocati alla fine dell'aereo trascinandomi dietro tutto l'armamentario da samurai. Un vero samurai non abbandona mai le sue armi, è una regola che tutti conoscono e io non volevo tradirmi. Nonostante l'ingombro non fu un'operazione difficile e nemmeno entrare nel gabinetto. Feci tutto con comodo e mi rivestii. Al momento di uscire dal bagno l'aereo ebbe uno scossone dovuto a un vuoto d'aria. La lancia da samurai andò a conficcarsi nella parete del bagno e l'estremità opposta nella tazza del water.

Siccome la lancia era infilata direttamente nel vestito, non riuscivo a liberarmi. Rimasi in bagno per oltre tre ore fino a che non mi salvò una hostess che mi fece notare che era vietato introdurre armi nell'aereo e che avrei dovuto pagare una multa salata. Ovviamente non la pagai, feci mandare tutto alla Kisch International di Milano.

Arrivammo a Tokyo alle undici del mattino. L'aeroporto di Tokyo, come tutto a Tokyo, è super tecnologico. Non c'è una sola cosa che sia fatta con le mani, o coi piedi a parte premere i tasti e camminare. Controlli sonori, telecomandi, cellule fotoelettriche, sensori. Anche il tappeto che consegna i bagagli ai viaggiatori è elettronico.

Cornelia mi aveva confessato di essere molto stanca, le suggerii quindi di sedersi mentre io recuperavo i bagagli. La mia assistente scambiò la cabina di comando del tappeto rotante per una poltroncina e si sedette. Il suo quintale di peso mandò in tilt il congegno in pochi istanti.

La striscia di plastica cominciò a viaggiare a velocità decuplicata. Le valige schizzavano dal tunnel come fossero piattelli di un tiro a segno. Le prime ovviamente furono le ventisette valige di Ennesimo Quaranta. Ventisette proiettili da cinquanta centimetri l'uno colpirono ventisette giapponesi come se avessero il radar.

Quando Cornelia si alzò dalla cabina tutto tornò tranquillo. Sul terreno rimasero i corpi feriti dei giapponesi e le ventisette valige sparpagliate.

Ennesimo Quaranta non era sul posto. Non potevo fargli passare un guaio, c'era di mezzo un sacco di grana per il sottoscritto.

Cominciai a recuperare le valige caricandole su sette carrellini elettrici. Mentre le raccoglievo ero costretto a scavalcare i corpi immobili dei caduti.

Avevo quasi finito il lavoro, stavo caricando la numero 25 quando i giapponesi cominciarono a riprendersi dallo svenimento. Due o tre di loro mi videro risistemare le ultime due valige.

Avevano negli occhi il sangue, il mio sangue.

Subito dopo si alzarono gli altri, gli bastò stropicciarsi gli occhi per capire la situazione. Man mano che si svegliavano cresceva il numero degli orientali col mio sangue negli occhi. Tutti insieme formarono un ampio semicerchio attorno a me, lentamente lo stringevano facendo un passo avanti. Non avevano intenzioni amichevoli. Anzi.

– È lui il padrone delle valige.

– Sì, è quel deficiente vestito da samurai.

– L'ho visto che le raccoglieva.

– Facciamogliela pagare.

– Diamogli la lezione che si merita.

Forse un altro al mio posto si sarebbe tolto dall'impaccio da codardo. Avrebbe denunciato il vero padrone delle valige, e avrebbe supplicato di stare ad ascoltare le sue ragioni. Non io. Io sono Matt Cavallo, l'investigatore più dritto di Milano. Me la diedi perciò a gambe levate dall'unico spazio libero che mi rimaneva, ovvero l'uscita sulla pista di atterraggio.

Cornelia, che non aveva assistito alla scena, mi vide correre è iniziò a rincorrermi: – Ehi piccolo, fermati, dove scappi? Ho fame. – Correva con l'agilità di un rinoceronte obeso.

I ventisette giapponesi furibondi si impossessarono ognuno di una delle valige di Quaranta decisi a darmele in testa una per una. La prospettiva era peggiore di uno dei miei incubi meglio riusciti.

Quel mattino le torri di controllo dell'aeroporto di Tokyo, agli aerei che chiedevano di atterrare, segnalarono la seguente situazione: non era possibile svolgere manovre di atterraggio perché sulla pista c'era un matto vestito con un costume da samurai, inseguito da una lottatrice di Sumo di colore, inseguita da ventisette giapponesi con in mano una valigia nera, inseguiti dalle guardie della sicurezza dell'aeroporto, inseguiti dai vigili del fuoco, tutti inseguiti dalla polizia a cavallo.

Con quell'armatura addosso non potevo resistere a lungo e infatti non resistetti. Fui raggiunto e abbattuto dalla valigia del primo giapponese sulla pista n° 6, poi tutti gli altri in rapida successione riuscirono a ricordarmi quanto è difficile guadagnarsi la pagnotta al giorno d'oggi. Mi colpirono uno ad uno con la valigia, in perfetto ordine dal n° 2 al n° 27. I giapponesi sono precisi nelle loro cose, bisogna riconoscerlo.

Ciascuno di loro mi disse qualcosa che sembrava vagamente una parolaccia ma che in quella circostanza non riuscii a tradurre.

Dicevano cose tipo: "Ku-l'ho", "Dof-cien-Tè", "Mor-todi-fam", "Stro-n-zho", "Im-be-chille".

E tante altre cose ancora.

È vero, i giapponesi mi menarono sonoramente, però c'è da dire che sono anche persone molto ordinate. Riportarono infatti le valige dove le avevano trovate, vale a dire sui sette carrelli elettrici che avevo preparato. Tutte in perfetto ordine di numero, senza che avessero subito alcun danno. Quando rientrarono al ritiro bagagli ricevettero anche i ringraziamenti di Ennesimo Quaranta. Le ventisette furie forse si accorsero dell'equivoco, ma non si sarebbero mai permesse di mettere in imbarazzo l'ospite straniero e, siccome avevano ricevuto un abbondante risarcimento per il danno rifacendosi sulla mia schiena, fecero un leggero inchino e se ne andarono.

Cornelia intanto era svenuta per la corsa e stava distesa a pancia in giù ingombrando la pista n° 3. Ci volle un'autocisterna di ossigeno per rianimarla e una gru per rimetterla in piedi.

Quando si svegliò mi disse:

– Piccolino, dove volevi andare?

– Da nessuna parte. Facevo una corsetta per tenermi in forma.

– Mi fai sempre spaventare per niente.

– Vabbe', non te la prendere, Cornelia. Sono un uomo difficile ma ho i miei lati positivi.

– E ora che si fa?

– Recuperiamo le nostre valige e riprendiamo il pedinamento.

Quaranta aveva lasciato ventisei valige al deposito bagagli. La numero 13 l'aveva in mano. Era proprio come pensavo: ventisei valige per confondere eventuali inseguitori e la cosa di valore in una sola, nella numero 13. Banale ma efficace. Troppo banale per farla in barba a me. Si incamminò verso un Internet point situato proprio a fianco di uno dei bar dell'aeroporto, evidentemente andava a scrivere uno dei suoi messaggi cifrati. Io e Cornelia ordinammo da bere. Due KisaKè con ghiaccio. Diedi qualche minuto a Quaranta perché terminasse il suo messaggio e poi andai a mia volta a controllare la posta.

– Tu Cornelia tieni d'occhio quella porta e se il nostro uomo esce fammi un fischio. Non possiamo permetterci di perderlo proprio ora.

– D'accordo, piccolo, vai tranquillo. Io intanto finisco questa brodaglia.

Inserii la password Ketchup e lessi il messaggio.

da: ragionier.quaranta@kischinternational.it
a: giuseppina.salutati@inquaranta.it

Mio dolcissimo fior di loto,

mi trovo a Tokyo e tutto procede alla meraviglia anche grazie ai tuoi puntuali preparativi.

Pensa, sono solo alla numero 13, te l'avevo detto che avevi esagerato con le valige.

Ma d'altronde come diceva sempre la buona anima del nonno Secondo: abbondare è meglio che rimanere senza.

Per la verità comincio ad essere un po' stanco tanto che

a New York mi sono addormentato in un taxi. Nonostante questo sono riuscito a fare agevolmente quello che dovevo e ho anche trovato dei regalini per nostro nipote.

Gli avrei comprato volentieri guantone e mazza da baseball, ma ho avuto pietà per i gatti del quartiere. Sai che lui si diverte a prenderli a sassate con la fionda, non vorrei che li rincorresse anche con la mazza. Così gli porterò una maglietta dei Chicago Bulls e un guantone enorme a forma di mano sul quale ho fatto scrivere "Ottavio number one".

Qui a Tokyo mi è successa la cosa più curiosa: avevo abbandonato per un attimo le valige quando ventisette giapponesi si sono prodigati a recuperarle. Una per uno, come fosse una gara di cortesia. Proprio gentili.

Cinque saluti per otto baci, Quaranta

Visto che ancora Cornelia non dava il segnale, ne approfittai per scrivere a quell'interdetto di Ciro Sorensen.

Da: mattcavallo.investigazioni@revolver.it
a: aiutante.ciro.sorensen@revolver.it

Odio i giapponesi.

Ho appena tenuto testa a 27 di loro che ce l'avevano proprio con me.

Mi trovo a Tokyo se non l'hai capito.

A New York mi sentivo più a mio agio. Ero in gran forma. Tanto che per qualche giorno i netturbini della città saranno impegnati a rimuovere dai marciapiedi i resti dei disperati che volevano farmi fuori.

Quanto a te, visto che non ti sei fatto vivo nemmeno a New York, ti consiglio di sparire dalla mia vista per i prossimi dieci anni.

Mi piacerebbe sapere dove ti sei cacciato. Spero che qualcuno ti abbia fatto secco prima di doverlo fare in prima persona. È sempre doloroso ammazzare un amico.

Matt Cavallo

Ebbi appena il tempo di scrivere la mia firma quando sentii il segnale di Cornelia.

– Fiuuuuuiiiiiii!

Il fischio acuto mandò in mille pezzi un paio di bicchieri vuoti che i clienti avevano abbandonato su un tavolino del bar. Sul video sul quale stavo lavorando comparve una vistosa crepa. La sirena anti allarme della gioielleria di fianco cominciò a suonare per pura invidia. I cani dei poliziotti ulularono per via delle loro orecchie sensibili ai suoni. Mai segnale fu più esplicito.

Mi precipitai fuori dall'Internet point, Cornelia mi fece cenno con la mano di seguirla rapidamente.

Uscimmo in strada senza che la mia aiutante avesse perso di vista il ragioniere. I suoi passetti di corsa creparono anche le poche vetrate rimaste sane dopo il fischio.

– Brava Cornelia, sei un portento. Adesso stiamogli attaccati come i vagoni ad una locomotiva.

La scena per le strade di Tokyo vista da fuori doveva proprio sembrare un bizzarro trenino umano: in testa al gruppo un postino con valigia n° 13, seguito da un Samurai con lancia, spada e una borsa di pelle, seguito da una lottatrice di Sumo nera con un sacco da marinaio sulle spalle, seguita da una giornalista araba con tanto di registratore e microfono.

La presenza di Rakkiart era l'ultima maledizione di quella mattinata infernale. Come aveva fatto ad arrivare a Tokyo? Eppure le avevo dato il biglietto da visita di Ciro Sorensen e a quest'ora avrebbe dovuto essere in Italia sulle piste di quell'imbranato del mio quasi ex assistente.

Feci notare la cosa a Cornelia la quale si mise a ridere emettendo un paio di grugniti. Si fermò e aspettò che l'araba la raggiungesse. Cornelia non usò la diplomazia:

– Stai a sentire, specie di mostro microfonato. Tu non ci puoi seguire. Io e il mio capo abbiamo un sacco di cose da fare e non possiamo star dietro anche a te.

– Io molto namorata di Ciro Sorensen, io conoscito Casablanca io trovo lui.

– Non è qui, è in Italia, capisci Italia? I-ta-li-a!

– Io segue voi fino Italia, là trova Ciro, amore mio.

– Se tu segue noi, io dà cartone in testa a te. Capito? – provò a parlare arabo per farsi capire.

– Tu non potere tratta me così. Io namorata.

– Tu innamorata e io incavolata nera.

– Tu vecchia cicciona lascia me passare.

Cornelia non è cicciona è solo molto robusta e molto suscettibile. Fece partire un ceffone da 80 kg che arrivò a destinazione sulla faccia di Rakkiart, provocando lo stesso effetto di un candelotto di dinamite in una miniera. Rakkiart ci attese all'angolo tra via Fior di Loto e via Giardino Profumato. Spiaccicata esattamente sul cantone tanto da essere scambiata per un suggestivo elemento decorativo del palazzo, finché non andammo a scollarla di là.

Arrivammo davanti a una pagoda a sette piani, con i ghirigori sui cornicioni e i draghi agli angoli, dal primo piano pendeva una grande insegna bianca sulla quale un imbianchino probabilmente analfabeta aveva spostato le prime due lettere di Tokyo. In questo modo la scritta risultava essere 'Restaurante Kyoto'.

Feci notare la cosa a Cornelia. La giamaicana rise emettendo un paio di grugniti come quelli di prima. Stavolta la pregai di non distruggere l'insegna.

Salimmo fino al sesto piano. Era un grande padiglione con il pavimento in legno, i tavolini alti trenta centimetri e cuscini per sedersi. Anche le pareti erano di legno ma coi buchi come un gruviera. Attorno ai buchi, a differenza del gruviera, c'erano tutti dei ghirigori colorati raffiguranti draghi, tigri, ghiri e altri animali del genere.

Al centro della stanza c'era un bancone circolare circondato anch'esso da una parete di gruviera. Quaranta lasciò la valigia n° 13 al guardaroba e si sedette a uno dei tavolini. Anche io e Cornelia lasciammo le nostre borse al guardaroba, e in cambio ci diedero un tagliando rosa con un cerchio al centro e il numero 6 stampato sopra. Io presi posto a un altro tavolo; Cornelia, per non correre il rischio di non rialzarsi più, si sedette sopra a un tavolo. Dovette provarne tre prima di trovarne uno abbastanza resistente.

Dal cilindro al centro della stanza uscì una geisha più vecchia dello zio di Matusalemme che si trascinava attraverso i tavolini lenta come un treno locale.

Fece una fermata a un tavolo dov'era seduto un giapponese quadrato col kimono nero a disegni dorati. I due parlottarono per qualche minuto, poi finalmente la geisha si diresse verso di noi.

Ordinammo due bicchieri di sakè e un piatto di pesce crudo. Ci portarono il pesce crudo e due bicchieri.

Quaranta, che sembrava in vena di follie finanziarie, ordinò una gassosa. La geisha si sedette al suo tavolo. Ero abbastanza vicino per sentire tutta la conversazione.

– Mi manda la signorina Pot di Milano.

– Ko ho.

– Non mancherò di salutargliela al mio ritorno.

– Ko ho.

– È stato un viaggio lungo ma senza problemi.

– Ko ho.

– Grazie, ma le ripeto è stato piuttosto semplice.

– Ko ho.

– Sì, ce l'ho in tasca.

– Ko ho.

– Sono il ragionier Quaranta. Tutti pronti per il 30 del mese prossimo tranne me.

Ennesimo tirò fuori la busta dal giubbino e la passò alla vecchia:

– Ecco la sua busta.

– Ko ho.

– È mio dovere.

– Ko.

A quel punto la vecchia si alzò e rientrò nel gruviera. Ennesimo si allontanò per pochi secondi e ritornò con la sua valigia n° 13, attraversò tutta la sala e si infilò in un séparé dall'altro lato. Ne uscì un quarto d'ora dopo allo stesso modo di come era entrato, avviandosi verso l'uscita.

Considerato che la busta era stata consegnata, non

compresi cosa era andato a fare in quel quarto d'ora dietro il separé con la valigia 13.

Ci alzammo, consegnammo il tagliando al guardaroba, ci vennero rese le nostre borse.

Ennesimo ripercorse esattamente la stessa strada dell'andata fino all'aeroporto. E noi dietro a tampinarlo, devo dire piuttosto annoiati; mi insospettiva il fatto che non succedesse niente. Passammo davanti al palazzo dove si trovava ancora appiccicata Rakkiart, fui tentato di lasciarla lì, poi decisi che non potevo rinunciare alla faccia di Ciro davanti alla sua innamorata, così la spiccicammo dal muro e la consegnammo a un pronto soccorso.

All'aeroporto Ennesimo comprò un biglietto per Zurigo. Io ne comprai tre, uno per me e due per la mia assistente. Mancavano due ore alla partenza.

Ne approfittammo per cambiarci d'abito. Dentro la mia borsa però non c'era più il vestito di flanella color ghiaccio ma una divisa da postino giapponese e in quella di Cornelia i panni di un marinaio di quattro taglie più piccolo. C'era però un tagliando rosa con il numero nove al centro. Accidenti! Al guardaroba c'era stato un errore con le valige: il 6 era stato scambiato per un 9.

Fu così che facemmo la felicità della boutique dell'aeroporto di Tokyo ricomprandoci l'intero guardaroba, valigetta ventiquattrore di ricambio compresa. Lasciammo incustodite nei bagni le borse con l'abito da samurai, quello da lottatrice di sumo, quello da postino giapponese e quello da marinaio.

cap. 13

Sigfrido Butter Conte di Zollettenburg

Sul volo Tokyo-Zurigo via Mosca era questa la composizione dei passeggeri: io, Cornelia e Rakkiart che era riuscita a lasciare l'ospedale in tempo per prendere l'aereo, Ennesimo Quaranta, il cubo col kimono e 165 impiegati della Toyota in gita premio di 7 giorni in 7 capitali europee.

Durante lo scalo a Mosca scese il giapponese col kimono nero e salì un tizio alto con i boccoli lunghi e biondi, indossava un vestito blu elegantissimo, sicuramente fatto su misura. Gli accessori, a cominciare dalla cravatta, costavano, a occhio e croce, come il mio guardaroba degli ultimi dieci anni.

Cornelia mi chiese dove era la toilette.

Rakkiart volle sapere quanto mancava all'arrivo.

Non risposi né all'una né all'altra e continuai col mio incubo d'alta quota: avevo scoperto una miniera di diamanti su un'isola deserta, per non dare nell'occhio decisi di avviare una piantagione di banane che rendeva benino ma non mi lasciava il tempo di estrarre le pietre preziose. Così decisi di bruciare le piante di banane. Seminai al loro posto

18 km quadrati di basilico. Il suo aroma, però, raggiunse le coste e fece accorrere i 625 soci della Associazione degli amici della pasta al pesto. Dovetti lasciare l'isola in attesa che i mangiatori di tagliatelle consumassero tutto il basilico. Intanto sposavo Margherita Pot, che aveva quattro sorelle: Cacciatora, Romana, Napoletana e Bufalina. Tutti insieme aprimmo una pizzeria sul Monte Bianco che non sapremo mai se ebbe successo o meno perché proprio il giorno dell'inaugurazione atterrammo a Zurigo.

– Dove siamo? – chiese Rakkiart.

– A Zurigo, Svizzera.

– Dov'è Ciro?

– Non è qui. Ti ho detto che è a Milano, giornalista interdetta.

Cornelia intervenne mostrando tutta la sua mole: – Vedi Rakkiart – disse col tono che si usa coi bambini – come ti ha spiegato il mio capo, il tuo Ciro Sorensen è a Milano. Ora tu hai tre possibilità: primo te ne stai qui buona buona, zitta zitta e aspetti che ce ne andiamo, secondo prendi il primo treno e te ne vai a Milano, terzo ti do tanti di quei cazzotti in testa che ti trasformo nel poster di Miss Mondo e poi ti appiccico con le puntine da disegno ai cartelloni pubblicitari. Mi sono spiegata?

Cornelia si era spiegata molto bene.

Le ventisette valige presero la via di un furgoncino dell'Hotel Zurich, gli svizzeri sono persone di grande fantasia. Ennesimo invece prese un'altra strada.

Dietro di lui a pochi centimetri camminava il signore coi boccoli.

– Lo ha rapito – suggerì Cornelia.

– Non so. Sta solo discutendo.

– Ma non vedi che gli punta una pistola alla schiena?

Effettivamente aveva una mano, nascosta da un soprabito, appoggiata alla schiena di Quaranta.

– È vero. Dobbiamo intervenire.

Cornelia fece roteare le braccia come per scaldare i muscoli. Non si accorse nemmeno di aver steso il capo comitiva degli impiegati della Toyota.

I due uscirono e noi tre li seguimmo. Fecero duecento metri poi svoltarono a sinistra, altri cento metri ed entrarono in un supermercato. Sempre l'elegantone dietro ed Ennesimo davanti. Entrammo anche noi tre.

Al reparto latticini si fermarono, il biondo allungò la mano libera verso uno yogurt magro, Quaranta verso la tasca interna del giubbino. Aveva ceduto il codardo, gli stava consegnando la busta, nemmeno un briciolo di resistenza. Ecco perché chiamano me a fare il lavoro sporco. Perché ho coraggio da vendere. E siccome eravamo al supermercato mi sembrò giusto sottolinearmelo.

Lanciai un'occhiata complice a Cornelia che incastrò Rakkiart tra le lattine di pomodori pelati e il tonno all'olio d'oliva. A un altro cenno sarebbe scattata.

Feci una sonora pernacchia appoggiando le labbra tra pollice e indice della mano destra e Cornelia scattò. Si avventò sul biondo e lo bloccò in due mosse torcendogli le braccia dietro la schiena.

Io a mia volta mi tuffai su Quaranta e lo scaraventai sul banco della frutta secca urlandogli: via presto, si metta in salvo!

Poi mi dedicai al biondo che implorava:

– Ma cosa fate, siete pazzi?

– Stai buono, delinquente, è da un po' che ti seguiamo.

– Lasciatemi andare, voi non sapete chi sono io.

– Tienilo – dissi a Cornelia la quale se lo sarebbe volentieri mangiato.

Cominciai a sferrare i miei potenti ganci alla bocca dello stomaco del malvivente.

– Parla! Chi ti manda?

– Lo lasci andare! – Ennesimo Quaranta era intervenuto ad implorare pietà, ma ormai ero una furia e diedi anche a lui un destro che lo mandò col la faccia nel mascarpone.

– Allora, vuoi vuotare il sacco? Chi è il tuo capo? – e giù a pestare come un fabbro.

– Lasciatemi stare o farete una brutta fine.

– La brutta fine la stai facendo tu, amico, se non ti decidi a parlare.

Lo afferrai per il bavero e cercai di scaraventarlo sui crackers salati. Cornelia però lo teneva troppo stretto, allora dissi: – Scaraventalo sui crackers salati.

Lei lo lanciò tanto forte che scavalcò il corridoio e sfondò lo scaffale dell'ammorbidente per bucato a mano. Per fortuna l'ammorbidente attutì il colpo.

Il mascalzone se la stava passando male e anche il mascarpone. Ma il mascalzone insisteva: – Aiuto! chiamate la polizia!

La polizia arrivò in forze.

Cornelia ed io ci scambiammo il cinque, quella sì che era un'assistente altro che quel rimbambito di Ciro Sorensen. La missione era quasi conclusa e di lui nessuna traccia.

– Forza – dissi ai poliziotti – arrestate questo farabutto. È un rapinatore, non so ancora come si chiama ma non ci metterà molto a dirvelo.

– Se non sa ancora come si chiama proveremo a suggerirlo noi – mi disse quello che sembrava il capo a giudicare dal berretto.

– Ah bene – dissi io – lo conoscete già. Ma allora è un ricercato. C'è verso di ricavarci anche una taglia?

Ennesimo Quaranta si era ripulito dal mascarpone e Rakkiart si era liberata dal tonno in scatola e assistevano alla scena.

– Arrestate immediatamente quest'uomo e questa… – guardò per un attimo Cornelia – … e lasciate libera la donna, lei non c'entra niente. Sbattetelo in galera e buttate la chiave.

Due poliziotti mi afferrarono per le braccia. Io cercai di divincolarmi: – Ma che fate imbecilli è lui il delinquente. Fatevi dire come si chiama.

– Prima ce lo dirà lei come si chiama.

– Il mio nome è Cavallo, Matt Cavallo, investigatore privato. Sono in missione per conto della Kisch International.

– Ah sì? Una balla più grossa non ce l'ha?

– Quale balla, quello è un delinquente e forse un omicida mancato, arrestatelo!

– Questo delinquente – disse il capo – è Sigfrido Butter Conte di Zollettenburg, onorato concittadino zurighese nonché direttore generale della Kisch International e proprietario di una trentina di supermercati tra i quali anche questo. Perciò lei, senza fare storie, ci seguirà buono buono alla centrale.

Svenni sotto gli occhi pieni di compassione di Rakkiart e Cornelia che si era nel frattempo nascosta in un vasetto gigante della Nutella.

Mi risvegliai su un tavolaccio delle patrie galere svizzere. Passai lì dentro due giorni a pane, acqua e buchi del gruviera. Senza vedere nessuno e senza avere notizie. Forse avevo combinato un guaio ma la missione tutto sommato era compiuta. Se quello era il contatto di Zurigo, i cinque plichi erano stati consegnati regolarmente e in perfetto orario e a Quaranta non era successo niente salvo il destro che gli avevo rifilato io al supermercato. Quindi, appena uscito di lì sarei andato a Milano a riscuotere i miei diecimila dollari e avrei mandato tutti a quel paese. Già pregustavo una meritata vacanza ai Caraibi.

Il direttore del carcere mi chiamò alle 8 e 30 del mattino. Avevo appena finito di lavarmi i denti, ma puzzavo come una capra caduta in un letamaio.

– Signor Cavallo si è ficcato in un bel pasticcio.

– Ho passato giorni peggiori. Una volta ho dovuto ritirare la pensione di mia madre in un ufficio postale il giorno dopo ferragosto, avevo il numero 322.

– Questo guaio però è grosso come l'ascesso di un elefante: aggressione, percosse, associazione a delinquere, vandalismo ai danni del supermercato, disturbo della quiete, resistenza alla forza.

– Dimentica l'abuso di ammorbidente per bucato a mano armata e lo spaccio di formaggio fresco.

– C'è poco da scherzare, siamo sui 18 anni più le spese e i danni.

– Ne uscirò vivo! – provai la parte del duro.

– Quella è gente che non scherza. Innanzi tutto il Conte di Zollettenburg ha fatto sapere che detrarrà il suo compenso pattuito con la Kisch di Milano dalle spese della lavanderia.

– Mi resterà sempre qualcosa.

– Ho dei seri dubbi. Il proprietario della lavanderia possiede due Rolls Royce, un panfilo a Portofino e uno a Saint Moritz.

– Ma a Saint Moritz non c'è il mare.

– Valli a capire i ricchi!

– Insomma buone notizie! Non mi lavo da tre giorni, non ho un soldo in tasca, sono senza lavoro e per di più sono nei guai con la polizia svizzera. Ho i denti che luccicano, visto che mi sono ritrovato in tasca un tubetto di Dentibrill. Solo che non ho niente di cui sorridere.

– Vedo che lei è anche recidivo. Pare che sia sua abitudine combinare guai. Abbiamo ricevuto segnalazioni sul suo conto dall'Interpol di mezzo mondo negli ultimi 15 giorni.

– Equivoci che posso spiegare benissimo.

– Non a me. Lei è libero. Qualcuno ha pagato la cauzione.

– Chi?

– Sappiamo solo che è una donna, non sappiamo altro.

Si accese un sigaro grosso come un turacciolo e mi soffiò in faccia una zaffata di fumo solo un po' più piccola di quelle del Vesuvio.

Pensai subito a Margherita Pot. Poteva essere stata solo lei, era l'unica che potesse disporre di tanti quattrini. Forse avevo fatto colpo.

– Quindi me ne posso andare?

– Certo, quando vuole! Le consiglio di stare alla larga dai supermercati per un po'.

Aprii la porta, la richiusi alle mie spalle e mi avviai accompagnato da un agente verso l'uscita.

A metà corridoio la voce del Direttore mi bloccò:

– Senta Signor Cavallo, dimenticavo di dirle che quella donna parlava solo arabo.

Svenni di nuovo in braccio agli agenti. Da quel momento non ricordo più nulla. Fino a quando non ripresi conoscenza in un taxi, fuori dalla prigione. Ero seduto sul sedile anteriore, Cornelia mi spruzzava la faccia con l'acqua e Rakkiart piagnucolava perché voleva vedere il suo Ciro.

cap. 14

L'ho lanciato dalla finestra

– La vacanza è finita – dissi – si va tutti a casa. In questo posto non abbiamo più nulla da fare.

– Urrà. Io può incontrare Ciro Sorensen – gridò Rakkiart

– Sì! Tu può, tu può.

– Che storia è questa? – intervenne scocciata Cornelia. – Non dovevi ritirare i diecimila dollari alla Kisch?

Non mi andava di deluderla così, anche perché non sapevo bene quali reazioni avrebbe avuto alla notizia che non avrei intascato un bel niente.

– Certo certo, avrai la tua parte. Adesso però il problema è tornare a Milano, ci sono più di trecento chilometri, non ho intenzione di farmeli a piedi e ho perso il portafogli.

– Io dà tutti denari in cauzione. Più neanche un soldo.

– Cosa faresti, piccolino, senza di me. Il portafogli l'ho trovato io nel supermercato prima di scappare.

– Ottimo lavoro, Cornelia!

– Allora adesso non ci resta che fare un bagno, cambiarci d'abito e partire, puzzo come una capra sudata.

– Questo è un po' più difficile, nel trambusto non

sono riuscita a recuperare né la mia sacca né la tua borsa. Credo che siano rimaste al supermercato.

– Già, e non mi pare il caso di tornarci per reclamare.

Contai i soldi nel portafogli, feci aspettare il taxi e comprai abiti nuovi per tutti e due: vestito Principe di Galles, camicia azzurra e mocassini con la tomaia intrecciata per me, camicia hawaiana, gonna alla zingara, scarpe da ginnastica e foulard per Cornelia. Poi ci infilammo in un bagno pubblico e ci cambiammo.

– Avanti, tassista, si va di corsa a Milano.

– A Milano? Guardi che qui siamo a Zurigo.

– Perché, non conosci la strada? Te la indico io.

– Non ci sono strade sconosciute per Marta.

– Come hai detto che ti chiami?

– Marta.

– Marta?

– Marta!

– Hai un cognato a Genova?

– Sì.

– E un altro a Buenos Aires?

– Sì.

– E fanno tutti i tassisti?

– Sì, e ne ho altri due a New York e a Tokyo. Anche loro tassisti.

– Ok, eccoti 300 dollari per portarmi a Milano più in fretta che puoi.

Marta guardò perplesso Cornelia, valutò il peso poi disse: – Faccio il possibile ma non prometto miracoli. Poi guardò l'orologio, erano le tre, accese il tassametro, si fregò le mani, si infilò un paio di guanti senza le punte e partì senza dire una parola.

Lungo la strada scaricammo Rakkiart davanti alla redazione dell'Eco di San Pancrazio e Riuniti. Il lavoro al giornale è la prima occupazione del mio aiutante Ciro Sorensen che per arrotondare si rende utile per la Cavallo Investigazioni, anche se per questo caso sarebbe meglio dire che si rende inutile.

Alle 19 in punto eravamo davanti all'abitazione di Ennesimo Quaranta. Cornelia salì le scale del condominio con l'agilità di un pachiderma in un pantano. Ci mise una mezz'oretta tra salire e scendere ma riportò giù il nostro uomo sotto braccio.

Caricammo in auto anche il ragioniere. Marta protestò, disse che il suo taxi non era un autobus:

– Non vorrete salire in quaranta! – aggiunse.

– Marta, la prego, non faccia storie – intervenni deciso. – Il mio ufficio è a due isolati da qui. Siamo quasi a destinazione.

Marta ripartì senza aggiungere altro.

Cinque minuti più tardi salivo al secondo piano del palazzo dove ha sede la "Cavallo Investigazioni".

La porta dell'ingresso era aperta! Lascio sempre aperto nella speranza che arrivi qualche cliente. Aprii l'ufficio e lo richiusi dietro a Cornelia che reggeva ancora il pacco sotto braccio. La bottiglia di Sambuca era sul tavolo, un ragno si era avventurato sulla mia agenda. Lo pestai.

Alcuni topi avevano lasciato i loro escrementi in un angolo. Lasciai l'incombenza di pulire a più tardi.

Ora avevo qualcosa di molto più importante da fare.

Feci un cenno con l'indice della mano destra. Cornelia lasciò cadere Quaranta di peso con il rischio di rompergli l'osso sacro. Presi una sedia di paglia e bloccai a terra il ragioniere infilandogli due gambe ai lati del collo e due sotto le ascelle. Poi feci sedere Cornelia.

– Questa sedia – gli dissi – regge fino a novanta chili. Tu fai il ragioniere, quanto tempo pensi che possa resistere sotto il peso di 120 chili? Credo che ti convenga dirmi che cosa hai consegnato a quei cinque in giro per il mondo.

Quaranta era spaventato e non fiatava.

– Parla! Sporco contabile.

Diedi un calcio misurato alla sedia, così, tanto per intimidirlo.

– Parla ti ho detto!

Non diceva una parola. Sembrava fosse un duro. Invece a un certo punto mosse una mano battendola a terra. Lo guardai in faccia. Era paonazzo, stava soffocando, la sua faccia sembrava una melanzana con gli occhiali. Feci alzare Cornelia e liberai Quaranta.

Lui tirò un lungo respiro e riprese fiato, adesso sembrava un cetriolo con gli occhiali. Poi un altro respiro e altro fiato, adesso sembrava un postino con gli occhiali.

– Disgraziati – disse con la voce ancora strozzata – ma volete ammazzarmi davvero. Cosa volete che vi dica se non respiro? Questa cicciona è davvero pericolosa!

Cornelia aveva fatto un passo avanti e alzato il pugno nero e minaccioso. La fermai con un cenno.

– Non è una cicciona, è solo robusta e in perfetto peso forma.

– Sì, è vero, mi scusi signorina – disse lui più spaventato di prima. – Cos'è che volete sapere?

– Tutto, per filo e per segno. Cosa hai consegnato in giro a Casablanca, Buenos Aires, New York, Tokio e Zurigo...

– Una ricetta!

– Una ricetta? E di che cosa?

– Mi è stato detto che è la ricetta segreta di un panino alle cotiche di maiale e latte condensato e di una bibita gassata al gusto di chinotto, banana verde e ortica. Una ricetta che dovrà essere lanciata contemporaneamente in tutto il mondo e che metterà in ginocchio l'impero dei McDonald.

– Per questo hanno mandato te?

– Sì, la dottoressa Pot mi ha detto espressamente che trattandosi di una cosa della massima importanza non si fidava della posta che poteva essere intercettata. Ma a te cosa te ne importa?

– Io sono stato incaricato di seguirti per impedire che ti succedesse qualcosa.

– Be', sarai soddisfatto, a giudicare da come è andato il viaggio hai fatto un ottimo lavoro.

– Già, ho fatto un buon lavoro – non avevo nessuna intenzione di spiegargli che rischiava di andare tutto in fumo per via della lavanderia e dell'uomo coi boccoli.

– Cosa significa la data del 30 del prossimo mese? – continuai.

– Non lo so.

– Vuoi che ti infili di nuovo sotto la sedia?

– Ti dico che non lo so.

– Lascia provare a me – disse Cornelia. Afferrò Quaranta per il bavero, gli tolse gli occhiali e gli infilò la faccia sotto l'ascella sudata. Io stesso ebbi pietà per il povero ragioniere.

– Parla – urlò – cosa significa il 30 del prossimo mese?

Dai meandri puzzolenti in cui era infilato si sentì una voce debole: – Non lo so, te lo giuro.

Cornelia cambiò ascella: – Parla, schifoso verme calcolatore!

– Sulla testa dei miei figli, non lo so.

– Ma tu non hai figli.

– È vero, ma così mi sembra più credibile.

Cornelia fece cenno di no con la testa, non lo sapeva proprio, altrimenti avrebbe parlato, e lasciò la morsa.

Quaranta si pulì la faccia col fazzoletto e disse:

– Io avevo solo l'ordine di dire a ciascuno questa precisa frase: "Sono il Ragionier Quaranta. Tutti pronti per il 30 del mese prossimo tranne me". Nient'altro. Lasciatemi, vi ripeto che non so nient'altro.

– Non ho ancora finito – gli dissi per tenerlo ancora sotto pressione.

– Una cosa la sai di certo e me la devi dire! – continuai. – Cosa diavolo contengono quelle stramaledettissime ventisette valige che ti sei portato appresso per tutto il tempo?

– Vestiti. Che altro vuoi che ci si metta nelle valige?

– Vestiti? Nooo! Tu ci nascondevi qualcosa di molto segreto.

– No, te lo giuro. È mia moglie sai, vuole che vada in giro sempre perfettamente in ordine, così mi ha preparato i ricambi sufficienti per ogni emergenza.

– Ventisette?

– Sì, ha abbondato un po', io glielo avevo detto che mi sembravano troppi, che ne bastavano 16 o 17 ma lei ha voluto insistere!

– Solo vestiti.

– Vestiti e scarpe, ogni valigia un completo: giubbino, camicia, pantaloni, calze, mutande e scarpe. Ventisette completi tutti assolutamente uguali. Pensa che quando li ha comperati gliene hanno dati tre in omaggio ma quelli, ha detto lei, non mi sarebbero serviti e li avrei usati in altre occasioni.

– Quindi io ho fatto il giro del mondo facendo la guardia a ventisette divise da impiegato postale?

Detto questo svenni sulla scrivania.

Ebbi un incubo: un tizio veniva incaricato di una consegna, doveva recapitare tre limonate all'ufficio del personale. Io dovevo seguirlo. L'uomo era Ennesimo Quaranta. Ad ogni angolo di strada c'era un delinquente che tentava di bere le limonate, io lo neutralizzavo mostrandogli la foto di Rakkiart, il delinquente si accasciava per vomitare. Un tale, vestito elegante, aveva messo una buccia di banana sul marciapiede lungo il tragitto di Quaranta. Io raccolsi la buccia e rincorsi l'elegantone che se l'era data a gambe. Lo raggiunsi e gli feci ingoiare la buccia assestandogli anche qualche ginocchiata nelle parti

basse. L'uomo era il Conte di Zollettenburg. Fui arrestato da Ciro Sorensen che si era arruolato nella polizia svizzera con una paga da milionario.

Cornelia mi risvegliò facendomi ingollare la mezza bottiglia di Sambuca.

Avevo la gola in fiamme e il morale spalmato per terra: – Dov'è Quaranta? – chiesi.

– L'ho lanciato dalla finestra.

– Lanciato?

– Sì lanciato. Perché? Ho fatto male?

– No, anzi. Cornelia sei un genio... il lancio... L'ho sempre saputo che eri un'ottima assistente. Ti aumento lo stipendio.

– E di quanto?

– Il dieci per cento.

– Dieci per cento di quanto?

– Non lo so ancora ma ti do l'aumento lo stesso. Sei davvero un genio. Ecco cosa succederà il 30 del mese prossimo: il lancio – per dare enfasi a quello che stavo dicendo presi tra le mani il faccione di Cornelia. – Il 30 del mese prossimo avverrà il lancio del nuovo panino e della nuova bibita in contemporanea in tutto il mondo. Ecco cos'era quella data.

Lei non capiva granché del mio entusiasmo.

– Niente è ancora perduto, riavremo i diecimila.

– ??????

– Questo è un particolare che ti spiegherò più tardi.

– Umh!!!

– Devo vedere Margherita Pot. Seguimi.

cap. 15

Tutti pronti tranne me

Tutti pronti tranne me

Cornelia afferrò per il naso la segretaria con la voce da cornacchia e le lasciò solo il tempo di annunciarmi. Aprii la porta dell'ufficio di Margherita Pot e mi scaraventai come una furia all'interno. Davanti alla porta c'era un tappeto persiano tanto alto che veniva arato ogni quindici giorni.

Inciampai e finii con la testa sotto la scrivania della rossa. Lei alzò il capo dai fogli che stava leggendo e disse rivolta alla porta: – Entri, su signor Cavallo, non sia timido, la stavo aspettando.

Io avevo le sue gambe davanti al mio naso, lasciai che l'equivoco durasse qualche altro secondo.

– Via, non faccia così, entri pure.

– Sono già dentro – dissi affacciandomi al bordo della scrivania.

Mi tese la mano, cordiale come quando l'avevo lasciata.

– Mi piace il suo stile: deciso, forte, senza fronzoli. Ha fatto davvero un ottimo lavoro per noi.

– Già, solo che per pagare la lavanderia del damerino di Zurigo, dovrò lavorare per voi altri 15 o 20 anni.

– Quello è stato un contrattempo davvero spiacevole.

– Direi un guaio grosso come il lago di Zurigo.

– Più o meno.

– Ma sono qui per risolverlo.

– Davvero? E mi dica come intenderebbe risolverlo.

– Col suo aiuto.

– Non capisco – mi fece cenno di accomodarmi sul divano. Rifiutai categoricamente. – Intanto lei mi deve, oltre ai quattrini che non intende pagarmi, qualche spiegazione.

Batté le ciglia e io mi ricordai di esserne pazzamente innamorato.

– Per ciò che riguarda le spiegazioni, tutte quelle che vuole. Quanto ai quattrini non dipende da me, ma dalla direzione centrale di Zurigo.

– Da quel Calippo col nome da cioccolatino?

– Esattamente da lui, è lui il capo supremo. E poi, parliamoci chiaro, il suo conto spese per vestiti ci è costato qualcosina!

– Lasciamo stare i quattrini, a quelli penseremo dopo. Conosco il contenuto dei plichi che Quaranta ha consegnato.

– Davvero? Allora avrà apprezzato la nostra ricetta del risotto al gorgonzola.

– Non era un risotto, era il nuovo panino e la nuova bibita della Kisch International.

– Non faccia l'ingenuo, lei è troppo intelligente per credere che avremmo affidato a un imbranato come il ragionier Quaranta un documento così importante.

La sua era una missione di copertura. La ricetta del Kisch&Colica ha viaggiato normalmente per posta. È più sicura!

Non sapevo se svenire o gettarmi su di lei per strangolarla. Ma ero troppo innamorato e decisi di svenire più tardi.

– La cosa non mi convince, signorina Pot. Se così fosse, mi spiega cosa c'entro io? Perché incaricarmi di proteggere una cosa della massima inutilità?

– Questo dava importanza alla missione di Quaranta. Chiunque avesse saputo che a proteggerlo c'era un investigatore del suo calibro avrebbe creduto che Quaranta trasportava la vera ricetta e non la banale ricetta di un risotto. Un depistaggio, caro Cavallo, il più classico dei depistaggi. Banale, ma efficace.

Non sapevo se sentirmi lusingato per i complimenti o preso per i fondelli. Decisi di essere lusingato e glielo dissi.

– Non è una lusinga, è la verità.

Fece frusciare il foulard come poche sanno fare. Ero cotto come un salsicciotto dimenticato nel forno, ma non lo diedi a vedere.

– D'accordo, ma veniamo ai quattrini – continuai. – Il 30 del prossimo mese c'è il lancio del nuovo prodotto segreto, ma adesso lo so anch'io.

– Dunque?

– Dunque se lo venisse a sapere la McDonald per voi sarebbe un bel guaio. Quindi, per evitare che io parli, sarà necessario che riceva oggi stesso i diecimila dollari che mi sono stati promessi e in più pretendo che siano ritirate le denunce nei miei confronti.

– Sapevo di non sbagliarmi affidandole la missione. Sei davvero in gamba – disse sorridendomi. – Oh scusi, posso darle del tu, vero?

– Puoi darmi del tu e soprattutto puoi sganciare i dieci bruscolini che mi devi.

– Sono veramente addolorata mio caro Matt – mi poggiò una mano sulla spalla e mi condusse alla finestra, scostò le tende. Sul palazzo di fronte stavano montando un cartellone pubblicitario di 30 metri per 7 di altezza con un enorme panino e una lattina con scritta blu fosforescente Kisch&Colica.

– Vedi, il lancio era previsto per il venti di questo mese. Mi dispiace, carino, darti un'altra delusione.

– Ma guarda che quel tramortito di Quaranta ha dato a tutti la data del 30 del mese prossimo.

– Quanto ti sbagli, tesoro, Quaranta sarà imbranato ma con i numeri non sbaglia. Il messaggio del ragioniere era esatto: "Sono il ragionier Quaranta. Tutti pronti per il 30 del mese prossimo tranne me". Il trenta del mese prossimo meno quaranta fa esattamente il 20 di questo mese, cioè oggi. Con questo semplice trucco aggiuntivo eravamo sicuri di poter anticipare ogni scherzetto della concorrenza. Se anche qualcosa fosse andato storto li avremmo battuti sul tempo. Un piccolo enigma, un piccolo calcolo: trenta meno quaranta, geniale nella sua semplicità.

Ero sbalordito e non commentai. La bellona continuò:

– In tutto il mondo in questo momento stanno appiccicando milioni di manifesti come quello, tutte le radio del mondo parlano della nostra catena di fast food e anche le televisioni. E sulla vostra avventura sarà anche scritto un libro.

Decisi che non era il caso di rimandare, e svenni lì alla finestra.

Fu ancora Cornelia a recuperarmi e a trasportarmi a spalle fino al mio ufficio. Quando ripresi i sensi, la bottiglia di sambuca era vuota ma avevo in tasca un biglietto col numero privato di Margherita Pot. C'era scritto solo: chiamami.

"Forse un giorno ti chiamerò, rossettina" pensai.

All'ingresso un corriere aveva depositato nove pacchi indirizzati a me: uno arrivava dal Signor Marta di Genova, il secondo dal comando del porto di Casablanca, uno dall'aeroporto di Casablanca, un altro da un panettiere di Buenos Aires, uno dalla stazione di Punta Arenas nella Terra del Fuoco, uno dall'Embassy Apart Hotel di Buenos Aires, uno dalla direzione delle Ferrovie Transcontinentali Americane, due dal Restaurante Kyoto di Tokyo e l'ultimo dal municipio di Zurigo direzione servizi igienici pubblici. Contenevano tutti i vestiti dispersi in giro per il mondo. Gentili però!

Cercai di trovare un lato positivo all'intera faccenda: avevo ancora un guardaroba. Solo che non mi era ben chiaro cosa potevo farmene di un costume da pastore andino, di un completo da samurai e di un vestito da lottatrice di sumo e di una divisa da postino.

Ero di nuovo senza il becco di un quattrino e di lì

a poco si sarebbe senz'altro fatto vivo lo Strozzi, presumibilmente più adirato del solito.

Per recuperare qualche soldo non mi restava che buttarmi sul caso della storia d'amore di Benedetto Sperandio.

Assorto in questi pensieri avrei fatto bene a farmi una bella doccia e una solenne dormita, invece decisi di guardare la posta elettronica nella speranza di trovare qualche bella notizia. Quello fu l'ultimo errore della giornata.

Da: cirosorensen@eco–di–san–pancrazio.it
a: mattcavallo.investigazioni@revolver.it

Salve Capo,

da una settimana circa ho cambiato indirizzo di posta elettronica. Dopo un bell'articolo su un clamoroso furto di zucchine ai mercati generali la considerazione di cui godo al giornale è aumentata. Sono stato molto occupato in redazione e non ho potuto passare dal nostro ufficio. Il direttore dell'Eco ha preteso che mi venisse acquistato un nuovo computer con tanto di collegamento internet e posta elettronica. Quindi se hai delle cose da comunicarmi fallo al mio nuovo indirizzo: CiroSorensen@eco–di–san–pancrazio.it

A proposito, sono inseguito da un grosso ragno con gli occhiali che parla arabo.

È un nostro caso?

Attendo spiegazioni e istruzioni.

Ciro Sorensen

Nonostante tutto trovai la forza per rispondere a Ciro.

Da: mattcavallo.investigazioni@revolver.it
A: cirosorensen@eco–di–san–pancrazio.it

Sei licenziato!

il Capo.

Indice